Ursula Geiger
Die Töchter in der Zeit der Väter

Herausgeber:
Rudolf Stirn

Ursula Geiger

Die Töchter
in der Zeit der Väter

Lebenserinnerungen I der Enkelin
des Schweizer Theologen Hermann Kutter

ALKYON VERLAG

Die Deutsche Bibliothek - CIP-Einheitsaufnahme

Geiger, Ursula:
Die Töchter in der Zeit der Väter : Lebenserinnerungen der Enkelin des Schweizer Theologen Hermann Kutter / Ursula Geiger. - 3. Aufl. -
Weissach i. T. : Alkyon-Verl., 1997
   ISBN 3-926541-57-1

© 1996
Alkyon Verlag
Gerlind   Stirn
Lerchenstraße 26
D-71554 Weissach i.T.

Druck und Verarbeitung:
Gruner Druck GmbH Erlangen

ISBN 3-926541-57-1

Inhalt

Unterwegs	7
Im Bett, im rosa Zimmer	9
Das dunkle Geheimnis	11
Maries Hochzeit	14
Im Licht der Jugend	17
Verlobung	19
Sonntag	24
Lina und ich	29
Großvater Kutter	34
Lucie	39
Der Vater	43
Not macht erfinderisch	47
Merkwürdige Ferien	51
Mit alten Zöpfen aufräumen	55
Rosa	59
Ammenmärchen	63
Im Schatten der dreißiger Jahre	68
Das Farbenspiel	72
„Es git es schöns Älpli"	76
Kalte Pommes-frites	81
Rosa entscheidet sich	87
Schulabschluß, was nun?	92
England: Neuland!	95
Strasbourg	99
Vaihingen-Enz	101
Lucies Wechseljahre	104
Die andere Hanna	107
Der Traum	111
Gespräche	116
Abschied von Mimi und wie soll es weitergehen?	120
Kleines Fenster in die Zukunft	124
Über die Autorin	127

Meinen Enkeln und Ueli Hasler gewidmet

Unterwegs

Ein klarer Oktober Sonntag im Jahre 1873 neigt sich dem Abend zu. Ruhe über dem Land. Blätter fallen von den Bäumen und winterliche Kälte hält Einzug. Keine Autos auf der Straße von Kyburg nach Winterthur. Nein, damals gab es sie nicht, die ewigen Ruhestörer.

Auf dem langen Weg vom hochgelegenen Dorf hinunter zur Stadt ist nur eine einzige Person anzutreffen: Hanna. -- Sie ist meine Großmutter mütterlicherseits. Damals war sie sechzehn Jahre alt.
Ich kann mir denken, daß sie auf ihrem Heimweg immer wieder still gestanden, zurückgeschaut und sich gefragt hat, wo denn ihre wirkliche Heimat wäre. Oben im Dorf, im Pfarrhaus, oder unten in der Stadt, wo sie seit ihrem neunten Lebensjahr bei einem verwitweten Onkel lebt?
Hanna steht noch da im Wind. Ein unerbittlicher Kampf tobt in ihrem Herzen. „Ich will nicht zurück zu ihm. Weiß er und spürt er denn nicht, wie sehr es mich langweilt, ihm jeden Abend aus dem Andachtsbuch vorlesen, immer gehorsam, anständig und ordentlich sein zu müssen? Warum kann ich nicht bei meiner Mutter bleiben?"
Hanna hört von weither den Turmschlag einer Uhr. Sie fängt an, schneller zu laufen. „Ich komme, bin ja schon unterwegs!"
Sie spürt den kalten Wind im Rücken. Die letzten Sonnenstrahlen nehmen Abschied vom Tag. Abschied vom Sommer? „Dieser kurze Besuch bei euch, bei dir, Mutter, auch wieder-- Abschied? Ist denn mein Leben ein ewiges Abschiednehmen?"
„Lauf Hanna!" sagt sie laut zu sich selber. „Es hilft alles nichts, du wohnst nun mal bei ihm und er meint es gut mit dir. Er läßt dich schulen, gibt dir zu essen. Ein warmes Bett hast du auch, ein schönes Zimmer, Kleider. Was willst du mehr? Du kannst dankbar sein!"

Ja, die Dankbarkeit! Ein groß geschriebenes Wort der damaligen Zeit. Seit ihrem neunten Lebensjahr, seit Hanna bei Onkel Karl wohnt, muß sie sich immer wieder gut zureden, damit sie die Heimatlosigkeit erträgt. „Ich will den Onkel nicht enttäuschen, will fleißig sein, freundlich, hilfsbereit. Ich muß das alles annehmen und verstehen."
Annehmen und verstehen! Den Schmerz auslöschen, eine ganze Kindheit hindurch.
Es wird dunkel. Hannas Schritte werden immer schneller. Der Schrei eines Vogels erschreckt sie. Sie fürchtet sich. Lauf, Hanna, lauf! Ich, deine Enkelin gehe in Gedanken mit dir bis zum Haus deines Onkels, bis zur Türe, die sich nun auftut. Ich höre Babette, die Haushälterin sagen: „Da bist du ja, Hanna. Komm herein. Es hat noch warme Suppe für dich im Ofen. Du bist ja ganz durchfroren."
Die Türe schließt sich, Babette dreht den Schlüssel um. Fühlt sich Hanna, meine Großmutter, nun geborgen?

Im Bett, im rosa Zimmer

Hanna liegt im rosa gemalten Eckzimmer in ihrem breiten weichen Bett. Babette hat es mit der Kupferbettflasche vorgewärmt. Hanna, meine Großmutter, schreibt in ihren Memoiren über Babette: „Die untadelige Haushälterin war gut zu mir, mit einiger Reserve und gelegentlichen abschätzigen Bemerkungen über unser armütiges Pfarrhaus, die mich schmerzlich trafen."
Hanna kann nicht so leicht einschlafen. „Unser Kyburger-Pfarrhaus ist schön", denkt sie und durchwandert es in Gedanken. Kein anderes Haus im Dorf ist so groß und stattlich. Und die Laube auf der Südseite! Vater hat sie selber gezimmert und mit Reben bepflanzt. Die Laube: Unser Spiel-und-Kinderparadies! Ach, davon hat Babette ja keine Ahnung! -- Was meint sie überhaupt mit „armütig"? - Weil wir nicht so viele Möbel besitzen wie der Onkel? Dafür ist im Pfarrhaus genügend Platz für die vielen Leute Schließlich sind wir fünf Mädchen, der Bruder, die Eltern und Großvater. Mit ihm an Winterabenden in der hellblau gestrichenen Wohnstube um den Kachelofen sitzen, die wohlige Wärme spüren, Bratäpfel essen, seinen Winterthurer-Geschichten zuhören. Gibt es etwa Schöneres, Gemütlicheres?

Beim Gedanken an die Schlafkammern im oberen Stockwerk des Pfarrhauses zuckt Hanna zusammen: „Huu, die kalten Betten damals, die Eisblumen an den Fenstern, wie sie glitzerten im Schein des Wachslichtes, das uns zu Bette leuchtete." Doch nicht nur die Kälte der Pfarrhausschlafzimmer macht Hanna schaudern. Es ist vielmehr die Erinnerung an dunkle Schatten, die sich in ihrer frühesten Kindheit auszubreiten schienen. „Warum wurde mir Vater ein fremder Mann? - Und doch habe ich ihn geliebt. Warum hat er die Ankunft des fünften Kindes in meiner Gegenwart laut verflucht? - Ich nehme an, ein Bub hätte ihm die bittere Sache versüßt. Dann

die lange Krankheit der Mutter, als hätte sie sich von uns und all ihren Sorgen zurückziehen wollen."
Hanna kann sich auf all diese Fragen keine Antwort geben. Unter Tränen schläft sie ein.

Das dunkle Geheimnis

Wieder ein Sonntag in Kyburg. Hanna besucht ihre Freundin Marie. Die beiden Mädchen sitzen auf der Friedhofsmauer. Hier haben sie sich schon als Kinder ihre Geheimnisse erzählt. „Ich bin froh, daß ich dich zur Freundin habe", sagt Hanna. „Du weißt gar nicht, wie schwer es mir jedesmal fällt, mich von dir zu trennen."
„So geht es mir auch", sagt Marie.
„Zum Glück", fährt Hanna fort, „kenne ich nun auch in Winterthur ein Mädchen, mit dem ich mich gut verstehe. Es wohnt in unserer Nachbarschaft und mein Onkel ist befreundet mit seinen Eltern. Stell dir vor, er läßt dieselben Kleider für mich nähen, wie Ruth sie trägt. Bei derselben Schneiderin. Mir ist das manchmal peinlich. Ich habe doch meinen eigenen Geschmack. Für den Onkel ist es vielleicht bequem so. Er hat dann das Gefühl, alles richtig zu machen. Seine Frau ist tot. Sie fehlt ihm, das spür ich schon. Aber ich kann sie ihm nicht ersetzen und ich will es auch nicht. Ich habe ganz andere Interessen als er. Immer wieder schlüpfe ich durch die Gartenhecke zu Ruth und fühle mich in ihrer Familie gut aufgehoben. Aber weißt du, Marie, über meine ganz persönlichen Sorgen rede ich nur mit dir. Ich muß dich nun etwas fragen und bitte dich um eine ehrliche offene Antwort. - Sag mir, was reden die Leute über meinen Vater?" Marie möchte ausweichen. Sie schweigt. Doch Hanna bittet inständig: „Ich muß es wissen, Marie. Ich werde besser fertig mit allem Leid, wenn ich Bescheid weiß."
„Ach, - du weißt doch, Hanna, . . . es heißt im Dorf, - der Pfarrer. ."
Sie bleibt in ihrem Satz stecken.
„Was ist mit meinem Vater? Ich will es ganz genau wissen."
„Er sei, - er sei eben kein richtiger Pfarrer. Die Gemeinde würde ihn nicht interessieren. Er hätte anderes im

Kopf. Erfindungen. Er sei halt ein Erfinder, ein etwas komischer Mensch, nicht so wie die andern."
„Ja", sagt Hanna, „es stimmt. Vater hat wirre Ideen im Kopf. Leider taugen seine Erfindungen, die vielen kleinen Maschinen, rein gar nichts. Sie verschlingen nur Geld, Mutters Vermögen. Er wird es aufbrauchen bis zum letzten Rappen. Das ist wohl mit ein Grund, daß mich Onkel Karl von zu Hause weggeholt hat. Ein Kind weniger, das ernährt und geschult sein will. Er wollte meine Mutter entlasten, ihr auf diese Weise helfen. Ob das Hilfe ist? Wir sind arm, Marie, bettelarm."
Hanna fängt an zu weinen.
Doch dann wischt sie sich die Tränen ab, nimmt allen Mut zusammen und sagt: „Aber da ist noch etwas, worüber die Leute tuscheln. Du verschweigst es mir, ich spüre es. Sag mir endlich die ganze Wahrheit. Ich ertrage sie."
„Gut, Hanna, ich sag's dir. - Die Rosel, - kennst sie ja, hat ausgeplaudert, ihr uneheliches Kind wäre von....."
„Doch nicht etwa von meinem...?"
„Doch, es wäre das Kind des Pfarrers."
„Mein Gott!"-- Hanna verstummt. Sie nimmt allen Kummer in sich hinein.
„Komm Hanna, laß uns gehen. Es wird kalt und neblig. Ich friere."
Hanna rührt sich nicht. Sie denkt: „Ich möchte hier sitzen bleiben auf der Friedhofsmauer und mich auflösen im Nebel."
Marie legt ihren Arm um die Freundin. „Komm, ich begleite dich ein Stück Wegs!"
Wortlos brechen die beiden Mädchen auf. Was sollen sie noch zueinander sagen? Damals fanden sich Frauen und Mädchen in solchen Situationen nur schwer zurecht.
Rosel erlebt zum Glück viel Freude mit ihrem Sohn.
Für Hanna, meine Großmutter, bleibt dies alles dunkles Geheimnis. Ihr Vater wurde nach wenigen Jahren in eine Irrenanstalt eingewiesen. Somit löste sich die Pfarrfamilie auf und mußte wegziehen aus Kyburg. Hanna, meine

Großmutter, sprach nie mit mir darüber. Nur einmal, als ich sie nach ihrer Jugend fragte, gab sie mir zur Antwort: „Sie liegt im Dunkeln."

Maries Hochzeit

Marie schreibt einen Brief an ihre Freundin Hanna:
„Meine liebe Freundin!
Wie geht es dir? Wir haben uns lange nicht mehr gesehen. Der viele Schnee in diesem Winter hat uns voneinander getrennt. Nun fängt er an zu schmelzen, Gott sei Dank. Im Pfarrgarten unter dem Haselstrauch blühen schon die ersten Winterlinge. Wenn ich an diesem Garten vorüber gehe, muß ich hineinschauen und an dich denken. Ach, Hanna, du fehlst mir sehr. Das Pfarrhaus ist renoviert worden. Eine junge Pfarrfamilie ist eingezogen. Alles hat sich verändert. Ich bin oft so traurig. Das liebe Gesicht deiner Mutter kann ich nicht vergessen. Seit ich dich nicht mehr habe, kommt Sepp zu mir. Wir kennen uns schon lange. Wir sind ja, wie du weißt, Nachbarskinder. Es ist wohl nicht das Dümmste, gleich über den Bach zu heiraten. Sepp ist zwar ein rechtes Stück älter als ich. Manchmal bin ich ganz durcheinander und möchte gerne mit dir reden.
Nun ist meine Kerze am Erlöschen. Ich muß demzufolge meinen Brief beenden. Es ist spät geworden. Leb wohl liebste Freundin.
Es grüßt dich ganz herzlich Deine Marie."
Drei Jahre später heiraten Marie und Sepp. Die Hochzeit findet in Kyburg statt. Hanna darf selbstverständlich Brautjungfer sein. Robert, ein weitaus Verwandter von Marie ist als Brautführer den ganzen Tag an Hannas Seite.
Wie muß ihr zu Mute gewesen sein in der alt vertrauten Kirche, in der ihr Vater manches Jahr die Predigt gehalten hatte?
Ich kann mir vorstellen, daß Hanna, meine Großmutter, still, in sich gekehrt dagesessen hat, in den schmalen Händen das Kirchengesangbuch. Vielleicht hat sie ein lavendelfarbenes Taftkleid getragen. Es würde zu ihr

gepaßt haben. Jedenfalls ein schönes Kleid, das der Onkel extra für sie hat nähen lassen.
„Hier, in unserer Kirche haben sich vor vielen Jahren meine Eltern das Jawort gegeben," denkt Hanna. „Und nun hat sich unsere Familie aufgelöst: Vater im Irrenhaus, Mutter mit meinen Schwestern in Stäfa, mein Bruder im Grab, draußen auf dem Friedhof."
Noch kann Hanna die Tränen zurückhalten. Sie sieht Braut und Bräutigam vorne beim Taufstein stehen. Sie tauschen die Ringe aus und geloben sich ewige Treue. Orgelmusik, Blumen, Kerzen, das verliebte Paar, dies alles verschwimmt für Hanna zu einem Bild, das einem Traum gleichkommt. „Ist Hochzeit hohe Zeit", denkt sie. „Zeit der unumschränkten Liebe? Oder könnte alles eine große Täuschung sein? -- Wird das Leben zu zweit farbiger? Verliert es seine Eintönigkeit? -- Wie war es für meine Mutter? Sie hat selten gelächelt und nie gelacht. Dazu hatte sie auch keinen Grund. Vater war die meiste Zeit abwesend. Er hat Mutter bei allen Kindsgeburten und bei der täglichen Arbeit allein gelassen. Auch mich hat er nicht beschützt. Hat er mich überhaupt wahrgenommen? Wer war er denn, dieser Vater?"
Hannas Wunsch nach einem Beschützer, einem starken, fröhlichen Mann wird riesengroß. So groß, daß ihr nun plötzlich die Tränen aus den Augen stürzen.
„Nicht weinen, Hanna!"
Hat sie sich gehen lassen? Sie erschrickt. Das hätte nicht geschehen dürfen. Eine große Männerhand legt ein zusammengefaltetes Taschentuch auf ihr Gesangbuch. Sie faltet es auseinander und wischt sich damit die Tränen ab. Einen Augenblick verbirgt sie ihr Gesicht in diesem Tuch und atmet den herben Duft ein, der wie ein Geheimnis in ihm verborgen ist. Dann gibt sie es zurück. „Danke," sagt sie. Da nimmt Robert ihre Hand, nimmt sie einfach in die seine, hält sie fest, drückt sie und Hanna läßt es geschehen.
So oder ähnlich muß sich die erste Begegnung mit Robert in Hannas Leben zugetragen haben.

Ich kann gut verstehen, daß Hanna diese Männerhand nicht mehr loslassen wollte. Sie hat sich viel von ihr erhofft.

Im Licht der Jugend

Mit 54 Jahren schrieb meine Großmutter ihre „Jugenderinnerungen", in denen ich nun herum blättere. Auf der letzten Seite die Sätze: „Kyburg, du leuchtende, herrliche Jugendlandschaft, wie bleibst du mir teuer trotz aller schmerzvoller und niederdrückender Erinnerungen. Ich sehe dich nur noch in der strahlenden Sonne der Kindheit."
In der Natur kann sich Hanna immer wieder erholen von ihren vielen Schicksalsschlägen.
„Oh die Herrlichkeit, im abendlichen Feuer Kartoffeln zu braten oder die Aglen, die trockenen Halmabfälle des Hanfes, anzuzünden und sie mit kleinen Schaufeln hoch zu werfen, daß die Funken in der Luft glühten! Am Sonntagabend nahmen uns die jungen Meitli mit zum Spazieren im Wald und den Hasenhügel entlang. Sie lehrten uns Kränze winden und singen im Abendschein. Es dünkt mich heute noch schön, daran zu denken und ich freue mich, daß meine Enkel, Lucies Kinder, im Dorf aufwachsen dürfen. Lucie sagt, ihre Kinder wären in etlichen Dorffamilien zu Hause. Auch ich war ein Pfarrkind, auch mir standen viele Bauernhäuser offen, wo man mich natürlich gern ausfragte über allerlei Häusliches. Mutter liebte drum meine Reisen im Dorf nicht allzu sehr. ließ mich aber doch gütig ziehen, wenn ich mit Carline oder Anneli auf den Acker wollte zum Hanf rätschen oder Kartoffeln ausgraben und abends mit ihnen in der Küche vesperte. In jenen friedlichen gemütlichen Jahren", so schließt meine Großmutter ihre Memoiren ab, „hatten die Menschen noch mehr Zeit füreinander übrig. Scheint mir's nur so im Lichte der Jugend oder war's in Wirklichkeit? -- Ich denke, man war genußfreudiger, lebensfroher, man kritisierte weniger und war zufrieden mit Gott und der Weltordnung."
Über ihren Mann schreibt meine Großmutter kein einziges Wort. Ihre frühe Heirat bedeutet das Ende ihrer Ju-

gend. Die darauf folgende Ehezeit hat sie nicht beschrieben. Ist sie zu sehr mit Leid gefüllt? -- Ich denke schon. Sie versteht sich nicht gut mit ihrem Mann, verliert schon als junge Frau zwei ihrer Kinder. So geht es dann weiter. Ihre Söhne und Töchter sterben ihr weg. Übrig bleibt Lucie, meine Mutter. Von sechs muß Hanna fünf Kinder begraben. Sie überlebt auch ihren Mann, ihre Geschwister, Vettern, Basen, Schwägerin und Schwager.

Eine lange Zeit lebt Lina, die jüngste Schwester meiner Großmutter mit ihr zusammen im „Bungert", dem großen Haus, das Robert in Zürich, im heutigen Kreis Hottingen, für seine Familie bauen läßt. Es bietet genügend Raum für die heimatlose Lina und es ist auch Platz da für Dienstboten, Gäste, Kinder und Enkel.

Mein Großvater wird als Kaufmann in kurzer Zeit ein reicher Mann. Ist Großmutter nicht mehr die arme verlassene Hanna?

Sie ist jetzt „Frau Scheller". Oder wird sie sich „Dame" nennen? Im Seidenhaus Grieder an der Bahnhofstrasse fragen die Verkäuferinnen: „was wünscht die Dame"? Ist Hanna eine Dame aus der immer größer werdenden Stadt Zürich?

Verlobung

Frau Scheller, meine Großmutter schaut durchs Wohnzimmerfenster hinaus in den blühenden Garten. Wie sehr sie ihn liebt, diesen Garten! Sie kennt jede Pflanze, jeden Baum, jeden Strauch. Doch jetzt verfolgt sie mit ihren Blicken Franz, der auf dem Kiesweg mit kurzen schnellen Schritten dem Gartentor zustrebt.
„Man sieht ihm seine Tüchtigkeit förmlich an", denkt meine Großmutter. „Er ist immer in Eile, vorausdenkend, zielstrebig. Noch eben hat er hier gesessen und mit mir Tee getrunken. Er ist genau der richtige Mann für meine Tochter: freundlich, sanft, geduldig, nicht, - ach ja, nicht so wie Robert, ein ewiger Polderer."
Meine Großmutter sonnt sich im Gedanken an den zukünftigen Schwiegersohn. Sie bangt ja immer etwas um ihre Tochter Lucie, dieses eigenwillige Kind. Plötzlich steht es vor ihr. Meine Großmutter erschrickt. „Ach, du bist's?"
„Ja, Mutter. In diesem Teppich belegten Haus kann ich leise schleichen wie eine Katze. Niemand hört mich. Ich weiß, warum du hier am Fenster stehst."
„Du hast ihn also, - du hast ihn gesehn?"
„Natürlich habe ich ihn kurz gesehn."
„Hast du ihn. . . ?"
„Jaa, ich habe ihn gegrüßt."
„Und du warst. . ?"
„Ich war freundlich, gewiß. - Aber mehr wird es nie sein. Ich will ihn nicht zum Mann, Mutter! Ich bin nämlich mit einem andern. . . halt dich nur fest am Tisch, ich bin mit ihm verlobt, tut mir leid. Gestern abend haben wir uns das Jawort gegeben, Hermann und ich."
„Der Sohn dieses berüchtigten Pfarrers? Dieses Sozipfarrers?"
Meine Großmutter verstummt. Vor ihrem inneren Auge, - doch das kann Lucie nicht sehen, nicht wissen, läuft ein Film ab: Ihr Vater damals in Kyburg, verlacht, verhöhnt

als ein Linker, einer, der für das Volk kämpfen wollte, gegen die Konservativen, die Besitzenden. Ihr Vater, der erste Sozipfarrer in der Schweiz, der bittere Vorwürfe erntete von seinen Amtsbrüdern. Nirgends fand er Anerkennung, nirgends. Nur Mißerfolg. Und nun will meine Tochter..?
„Mutter, setz dich. Was ist denn? Du bist ja ganz verstört."
Warum kann meine Großmutter nicht einfach sagen: „Kind, es scheint sich in meinem Leben etwas zu wiederholen, was mich verwirrt. Laß mir Zeit, viel Zeit, darüber nachzudenken und laß uns darüber reden."
Statt dessen schweigt Hanna und kämpft mit der Angst. Ein Gedanke jagt den andern: „nicht schon wieder ein Sozi in der Familie, das bringt nur Unglück. Robert hat ein anderes Denken. Er ist Kaufmann. Niemals wird er das zulassen. Sie ist seine Lieblingstochter. Er will sie gut verheiraten. Ich kann nicht für sie einstehen, kann nicht gegen ihn sein, sonst krieg ich fürchterlichen Streit mit ihm. Ich selber habe ja ins andere Lager gewechselt, bin eine Bürgerliche geworden...."
„Mutter!"
„Ja."
„Du warst doch auch eine Pfarrerstochter. Was hast du gegen Pfarrer Kutter?"
„Du siehst doch, daß er die ganze Stadt verrückt macht. Er traut keine Hochzeitspaare, tauft und konfirmiert nicht mehr. Was soll das für ein Pfarrer sein!"
Nun lacht Lucie, streckt die Arme aus und ruft: „Das ist doch gut, Mutter, daß endlich einer den Mut hat, uns alle aus unserer Sattheit aufzuwecken. Er übt seine Amtshandlungen nicht mehr aus, weil sie ihm wie leere Hüllen vorkommen. Die Leute gehen nur noch aus Gewohnheit, nicht mehr aus Überzeugung zur Taufe, Konfirmation und Hochzeit"
„Du sprichst auch schon wie ein Pfarrer."
„Nein, das tu ich nicht. Bitte begleite mich einmal in eine Predigt von Hermann Kutter. Du wirst sehen, es ist in

seiner Kirche so lebendig wie nirgends sonst in ganz Zürich."
Meine Großmutter schüttelt den Kopf. Das kann sie, will sie aber auch nicht erleben. Der kämpferische Pfarrer ihrer Kindheit, ihr Vater, hinterließ einen Riesenscherbenhaufen. Noch einmal, noch mehr Scherben? In der eigenen Familie? - Ihr graut davor.
„Ach", sagt sie leise, „könntest du doch den Franz heiraten, dann wäre alles gut und Vater zufrieden."
„Und Vater zufrieden", wiederholt Lucie bitter. „Immer die Väter! Rücksicht auf die Väter, damit die Mütter nicht zittern vor ihnen. - Ich habe schon gewußt, daß ich mit euch nicht reden kann, daß ihr mich nicht verstehen, nicht einmal anhören wollt."
Enttäuscht und gekränkt verläßt sie das Zimmer und zieht sich in ihr Kellerzimmer zurück. „Oben im Estrich sind die Dienstbotenkammern", denkt sie. - „Und hier unten habe ich mir meine Kammer eingerichtet, neben dem Gewächshaus, wie es sich für eine Gärtnerin gehört. Ich fühle mich als Angestellte, nicht mehr als Tochter des Hauses. Vorübergehend bin ich die Gärtnerin vom Bungert und bald, schon sehr bald werde ich für immer wegziehen! Die Tochter hat ausgedient. Sie wird nicht verstanden, nicht einmal angehört. Mutter kann mir die hellen Stuben in ihrem Schlaftrakt nicht mehr schmackhaft machen. In diese Kammer kann ich mich unbeobachtet zurückziehen. Bett, Tisch und ein Stuhl genügen mir. Ich brauche Distanz zu meinen Eltern, sonst halte ich es hier nicht länger aus."
Lucie steht auf, bindet sich die grüne Schürze um und geht im Garten ihrer Arbeit nach. Spät abends treffen wir sie wieder im Kellerzimmer. Sie sitzt auf der Bettkante und blättert in einer Schrift ihres zukünftigen Schwiegervaters Hermann Kutter. Die aufgeschlagene Buchseite trägt den Titel: „Nach dir, Herr, verlanget mich."- Lucie zündet die hellgrüne Porzellanlampe an und liest: „Wer verlangt, der lebt. Das Geschöpf lebt im Verlangen, im Nehmen, wie der Schöpfer im Geben. -

Wenn im Frühling draußen das Leben erwacht, was ist es anderes als ein tausendfältiges Verlangen? Jedes Blättchen, jedes Gräschen, jede Blume, das Schmettern der Buchfinken, das Flöten der Meisen, der Gesang der Amsel, der Jubel des Schwarzkopfes, das Zirpen der Grillen, des Uhu, der Unken - alles ist Verlangen. - Warum? - Weil die Liebe wieder erwacht ist."
„Die Liebe! Mutter!" sagt Lucie laut vor sich hin. „Die Liebe! Nicht der stumme Ehekrieg, den du mit Vater führst."
Lucie liest weiter: „Verlangen ist nicht Todesnot, Verlangen ist Lebensfreude. Der Tod kennt kein Verlangen. Und wenn's dich nach Gott verlangt, Menschenkind, so verstopf die Röhren nicht, sonst stirbst du."
„Ja, ich bin den Tod meiner Geschwister mitgestorben, bin fast zu Grunde gegangen, als mein Beschützer, mein großer Bruder, so plötzlich starb, vor meinen Augen, am Frühstückstisch. Du hättest mich nicht verlassen dürfen, Walter. Ich stürzte in einen Abgrund von Einsamkeit, als es dich in meiner Kindheit nicht mehr gab. Dann zwei Jahre später die kleine Hanna, ein zu früh geborenes, schmächtiges Kind. Ich wiegte es in meinen Armen, küßte sein kleines Gesicht, ermunterte es zum Leben. Bleib, Hanna, bleib bei uns! Kleine Schwester, geh nicht weg! Ich brauche dich. Und nach drei Wochen stirbt auch sie. - Und jetzt Gregor. der zweite Bruder. Unerträglich, dieses Sterben in unserer Familie."
Lucie liest weiter: „An verstopften Röhren geht der Brunnen zugrunde, am unterdrückten Verlangen das Menschenherz. Im Kerker haust der Tod. Die aufgesprengten Pforten erschließen das Leben. Leben heißt hinauswollen, ans Licht wollen."
„Mutter, ich will, ich muß ans Licht, muß weg aus diesem Totenhaus, in dem niemand mehr über die Toten spricht. Und doch sind sie da. Mutter, es wäre eine Erleichterung, für dich, für mich, für uns beide, wenn wir über Walter, Hanna, Gregor reden könnten. Stundenlang sollten wir über sie reden, sie einbeziehen in unseren

Alltag. Ich ertrage deine Stummheit nicht mehr. Wir sind durch dieses viele Sterben ja gezwungen, die Frage nach dem Jenseits, nach Gott zu stellen. Findest du nicht auch? Doch ich sehe dich vor mir, wie du den Kopf schüttelst und denkst: Sie spricht wie ein Pfarrer. - Das solltest du nicht von mir denken. Ich bin genau so unsicher wie du. Ich weiß nicht, ob es einen Gott, ein Leben nach dem Tod gibt. Ob der wortgewaltige Kutter es weiß, steht ebenfalls in den Sternen geschrieben. Aber ich kann reden mit ihm. Er hört sich meine Zweifel an und spricht die seinen aus. Zusammen können wir, der alte und der junge Kutter und ich vom Wunder der Schöpfung reden. Einen Schöpfergeist muß es ja wohl geben. - Das hilft mir, gibt mir die Kraft, aus der Todestrübsal heraus zu kommen. Und wenn Heini Kutter, der Biologe, der Bruder meines Bräutigams, noch mit im Gespräch ist, erfahre ich aus der Tier-und Pflanzenwelt Einzelheiten, von denen ich bisher keine Ahnung hatte. Jedenfalls ist es hoch spannend. Vielleicht hätte mein Schatz auch lieber Biologie an Stelle von Theologie studiert. Könnte doch sein. Es kommt mir oft so vor. Hermann ist ein suchender, fragender Mensch. Ich bin sicher, er würde dir eigentlich gefallen. Gib ihm doch eine Chance, Mutter! Mach ihm die Türe auf, es wäre alles so viel einfacher. - Hast du mir zugehört, Mutter? - Ich habe lange mit dir gesprochen."

Von der Kreuzkirche schlägt es zwölf Uhr. Erschöpft, aber nicht ohne Hoffnung, schläft Lucie zu später Stunde ein.

Sonntag

Robert, mein Großvater, war ein Patriarch, ohne Zweifel. Auf diesen Kutterhandel ließ er sich einfach nicht ein. Er sagte entschieden „nein" und er blieb dabei.
Wir begegnen ihm beim Frühstück mit seiner Frau Hanna. Sie sitzen sich allein gegenüber am langen Eßtisch, Großmutter im Blickfeld des großen „Burnand"-Originals: „Der verlorene Sohn." Ich nehme an, daß es ein Geschenk ihres Mannes war. Woher sollte sie eigenes Geld haben? Dieses Bild füllt beinahe eine ganze Wand. Vielleicht hat es meine Großmutter an einer Ausstellung entdeckt und mußte es einfach haben. Die ausgebreiteten Arme des Vaters, der seinen Sohn wieder aufnimmt, ihm ein Fest bereitet. „Der verlorene Sohn" eine Männergeschichte. Meine Großmutter „nur" eine Tochter. Wo sind die Arme, in denen sie Schutz findet?
Und Lina, die ledige Frau im Haus! Wer bietet ihr Heimat? Wo hält sie sich auf, jetzt an diesem Sonntagmorgen?
Sie hat sich in ihrem sonnigen Zimmer einen Tee aufgebrüht und setzt sich mit der Tasse ans Fenster. Lange schaut sie über die Bäume hinweg zum See, trinkt die kühle Luft, den Morgenglanz die Aussicht in sich hinein, öffnet dann ihr Tagebuch (es wurde Jahre später im Estrich gefunden und ich habe es fotokopiert) und schreibt:
7. März 1918: „Betrübend, daß Robert für kein ernstes Gespräch zu haben ist, noch in seiner Gegenwart aufkommen läßt. Statt dessen tägliche Wiederholung von kindischen Witzen... Und nun diese Sache mit Luz (Lucie) - Wie seltsam, daß Eltern so oft ihre Kinder anders haben wollen, als sie sind und dadurch ihnen das Leben sauer machen. Hanna ist übermüdet, abgespannt, im Innern zerrissen wegen Luz, ich glaube auch von Eifersucht erfüllt gegen die andere Mutter. Sie leidet ungebührlich unter Roberts rauhem unterdrückendem Wesen. Luz erwartet wohl, daß sich ihre Mutter endlich

freut über ihre Verlobung. Das Gegenteil ist der Fall. Seither ist die Kluft in der Familie immer größer."
Während Lina sich frei schreibt von all den erdrückenden Spannungen in der Familie, überschüttet Robert seine Frau mit Vorwürfen. „Wieder einmal zu hart!" brummt er und taucht den kleinen Silberlöffel in das frisch gekochte Ei. - „Wo ist Lucie?"
„In der Kirche, das weißt du doch."
„Ich kann es nicht ausstehen, wenn sie die Mahlzeiten ausläßt. Solange sie hier wohnt, gehört sie mit an den Tisch."
„Das sind deine Ansichten, Robert. Lucie hat andere."
„Du scheinst ihr ja noch zu helfen. Eins mußt du wissen: wenn sie diesen Kutter heiratet, kriegt sie keinen Rappen Geld von mir."
„Immer deine Drohungen. Das hast du mir schon einmal gesagt. - Lucie hat ihren Beruf, ist eine gut ausgebildete Gärtnerin. Es kann ihr nichts passieren. Sie findet jederzeit Arbeit. Sie ist nicht mehr abhängig von dir und so, wie ich sie kenne, wird sie mit wenig zufrieden sein, ihr Pfarrhaus bescheiden einrichten."
„Haus!" spottet mein Großvater. „Es handelt sich wohl eher um eine alte unbequeme Hütte. Kein Bad, kein Clo! Nu so ne Bängelischissi!"
„Robert!"
„Brauchst dich gar nicht zu entsetzen. Ich nenne die Dinge beim Namen. Es ärgert mich, daß sie wegläuft aus diesem schönen komfortablen Haus, einem Pfarrer nachläuft, der noch grün ist hinter den Ohren und obendrein nichts verdient, weniger als der Portier in der Bank. Das dreckigste Kaff hat er sich ausgesucht. Ein Zigeuner, - ein Kuhfladendorf. Wie kann man Zürich eintauschen gegen Beggingen! Nie werde ich auch nur einen Schritt tun in diese Sozipfarrhäuser. Ich zeige mich weder bei den Alten in Zürich, noch bei den Jungen in Honolulu! Und zur Hochzeit komme ich schon gar nicht. Du gehst auch nicht hin, verstanden!"

Wie reagiert meine Großmutter auf diesen Befehl? Was sagt sie nun? Macht sie ihm eine Szene? - Nein, sie gerät nie außer sich. Vielleicht wartet er darauf, daß sie ihm endlich die Stirn bietet. Sie kann es nicht. Sie vermag ihre Fesseln nicht zu sprengen. Zu lange hat der freundliche alte Onkel an ihr herumgedoktert, aus ihr ein anständiges Mädchen gemacht. - Mit aufrechtem Gang verläßt sie das Eßzimmer. Sie will ihre Würde behalten. Von herumschreienden Männern kann sie sich eigentlich nur noch distanzieren.
Mein Großvater verläßt ebenfalls das Eßzimmer. Er nimmt den Hund an die Leine und geht mit ihm in den Wald. Auf irgend eine Art muß auch er seinen Ärger loswerden. Bei der großen Eiche steht er still. Er hat Respekt vor diesem Baum und er hat, wenn er sich das ehrlich eingesteht, auch Respekt vor seiner Tochter. „Den Setzgrind hat sie ja nicht gestohlen", denkt er. „Soll sie halt mit diesem Grind durch die Wand, aber alleine, ich helfe ihr nicht. Ich will nichts zu tun haben mit Pfaffen. Schließlich habe ich sie, ja, sie, ihre Mutter habe ich damals heraus geholt aus dem Sozischlamassel. Sozialismus, so ein Irrtum! Und ausgerechnet Luz fällt auf ihn herein."
Mein Großvater breitet sein großes weißes Taschentuch mit Lavendelduft auf einem moosigen Stein aus und setzt sich darauf; über ihm die mächtige Eiche.
Den Hund nimmt er zwischen die Knie. Er streichelt ihn. „Ja, Tobi, das waren noch Zeiten: Luz und ich allein im Wald an so manchem Sonntagmorgen und immer auf der Suche nach kleinen Naturwundern. Die Vögel haben nur für uns gepfiffen, für uns ganz allein. Und wie sie gesungen haben, viel schöner als die Sängerinnen in den Wagneropern. Luz hat das auch nicht gemocht, diese theatralische Singerei, wenn ich mit ihr in die Oper ging, um mich wieder einmal dem Publikum zu zeigen. X mal sind wir drausgelaufen, sie und ich. Und jetzt, Tobi, jetzt läuft sie mir davon, rennt womöglich in ihr Unglück. Und mir fehlt der Sauerstoff, wenn sie weg ist. Was soll

ich zu Hause machen mit zwei Weibern, die sich nicht verstehen?"
Ich laß dich nun, Großvater, überlasse dich deinen Gedanken. Sie kreisen allemal um dein Lieblingskind Lucie. Wo ist sie, diese Lucie, meine Mutter, dein drausgelaufenes Kind?
Eine Stunde lang sitzt sie in der Kirche, andächtigst. Der Mann auf der Kanzel, dieser Kutter, muß sie total fasziniert haben. Verkündet er eine neue Lehre? Es kommt Lucie vor, als würde er das behäbige Bürgertum der Stadt Zürich mit seinen Worten aus den Angeln heben, in die Luft sprengen. „So etwas Befreiendes", denkt sie. „Ich kann endlich atmen, ersticke nicht mehr in Normen und Formen, die in meinem Elternhaus einen viel zu großen Platz einnehmen. Das Evangelium scheint ja etwas Lebendiges, Kraftvolles zu sein, kein abgestandenes Wasser."
Nach der Predigt die Kinderlehre. Auch sie eine Art „happening". Den Kindern, Jugendlichen, den vielen Erwachsenen, die sich dazu setzen und so die Kirche ein zweites Mal füllen, erzählt Hermann Kutter bilderreiche Geschichten. „Schöpfungsgeschichten" würde ich sie nennen.
Hermann Kutter ist ein Bildermacher. Er kann innere Bilder erzeugen bei seinen Zuhörern, kann ihre Fantasie beflügeln.
Lucie spürt, daß ihr Schwiegervater nicht nur ein Schwärmer, sondern innigst verbunden ist mit all dem, was er liebt: Feld, Wald Alp, Wiese, Blume, Baum, Erde, Wasser, Feuer, Stein, Tier, Mensch, die Vielfalt, die Süße des Lebens. In seiner Gegenwart kann auch sie den eigenen inneren Lebensraum füllen, stärken und erweitern. Das macht sie glücklich.
Nach Predigt und Kinderlehre ist Kutter kein ausgelaugter, müder Mann, der sich vom Sonntagsstreß erholen muß. Im Gegenteil, er führt das Gespräch weiter, hält weiter unentwegt seine Monologe, freut sich über jeden, der ihm zuhört und lädt alle, die sich um ihn versammeln, gleich noch zum Mittagessen ein. Er teilt seine Gedanken,

er teilt sein Essen. Die Frauen, das heißt: Lydia, ihre Töchter, Vreni und Meieli, die Magd und Lucie haben weiß Gott zu tun. Sie kochen und rennen und putzen, bedienen alle Leute und kein Mann rührt auch nur einen Finger. Doch darüber wird schon gar nicht diskutiert. So geht es eben den Töchtern dieser Zeit. Sie verzichten auf Vieles, was sie in späteren Jahren bereuen könnten. Ob sie es wirklich tun, weiß ich nicht. Meieli Kutter wäre gerne ins Gymnasium gegangen, hätte gerne studiert. Ihr Vater läßt es nicht zu. Er will jeden Tag seine Töchter um sich haben. Nach der Schule, um vier Uhr nachmittags, müssen sie mit ihm „Zvieri" (Milchkaffee und Butterbrot) essen. Er braucht ihre Gesellschaft. Wenn er sie nicht hätte, sagt er, würde er schwermütig werden. Die Töchter scheinen stolz zu sein auf ihren berühmten Vater. Natürlich wollen sie mithelfen, ihn vor Schwermut zu bewahren. Sie lieben ihn ja. Folglich verzichten sie auf eigene Wünsche und Bedürfnisse.

Nach dem Sonntagsessen wird, in winzigen Tassen der schwarze Kaffee serviert und mit viel Zucker gesüßt.

Hermann Kutter zündet sich eine Zigarre an. „Komm, setz dich zu mir", bittet er seine Schwiegertochter. Sie gehört zu den Frauen, die er besonders verehrt.

Die Sonntagskaffeestunde ist seine beste Entspannungszeit. Er möchte sie ausdehnen, so lange es geht. Einmal soll er in einer solchen Runde gesagt haben: „Wenn ich sterbe, so weint nicht, trauert nicht um mich. Pflanzt lieber einen Apfelbaum auf meinem Grab, setzt euch alle darunter und trinkt schwarzen Kaffee mit mir."

Lucie fühlt sich in dieser neuen Familie wie in einem lebendigen Strom, in dem sie mitschwimmen kann. Ihr eigener Vater wird erleben müssen, daß sie, trotz seiner Befürchtung, nicht ins Unglück rennt.

Lina und ich

„Lina, ich habe dich kaum gekannt. Ich muß etwa fünf Jahre alt gewesen sein, als du gestorben bist. Wir haben zu verschiedenen Zeiten in Großmutters Haus gewohnt. Etwas haben wir gemeinsam: Wir schreiben beide Tagebuch. Wir schreiben also unsere Gedanken und Gefühle auf. Um sie nicht zu verlieren? Weil uns das Leben zwischen den Händen zerrinnt?
Als dein Tagebuch auf dem Estrich gefunden und von Verwandten gelesen wurde, haben sie von dir gesagt, du wärst hysterisch. Die Hälfte sei nicht wahr, von dem, was du geschrieben hast. Ich glaube es ganz und gar nicht."
„Ach Chind, ich bi ja nume 'sTäntli gsi i dr Familie. Ein Neutrum. Nicht Tante Lina, eine selbständige „sie". - „'sTäntli", „'s Bürofräulein", verantwortlich dafür, daß Robert's Geschäft reibungslos funktioniert. Es, das Fräulein, darf wohl mit der Familie essen, doch abends soll es in seinem Zimmer bleiben."
„Für mich warst du eine Respektsperson. Du hast jeden Tag nach dem Mittagessen beim schwarzen Kaffee, den Großmama im Wohnzimmer servierte, eine dicke Zeitung gelesen. War das nicht außergewöhnlich für deine Zeit, eine Frau, die sich täglich informiert?"
„Eigentlich schon. Wenig Frauen haben sich mit Politik beschäftigt. Im März 1915 schrieb ich in mein Tagebuch: ‚In mir brennt ein unglaubliches Feuer. Ich will um meine Rechte kämpfen. Die Männer haben uns Frauenrechtlerinnen als häßliche Weiber auf Plakate gemalt und an Umzügen öffentlich verspottet. Eigentlich fühle ich mich nur in der Frauengruppe, die ich wöchentlich besuche, geborgen und verstanden. Nur dort hat auch mein Wort Gewicht. Wir reden über alles, was uns betrifft: Familie, (auch wenn es nicht die eigene ist!) Haushalt, Kinder, Ehe, Schule, Erziehung, über unsere Stadt, über Krieg und Frieden. Ich weiß mit Bestimmt-

heit, daß wir andere Politik machen würden als die Männer. Gewaltfreie! Wann endlich wird man uns Schweizerinnen ernst nehmen, uns teilhaben lassen am Gedeihen unseres Landes? Werden wir noch lange auf das Frauenstimmrecht warten müssen? - Wir sind wohl selber schuld, daß die Männer uns versklaven. Wir lassen es uns gefallen. Vielleicht würde es mir leichter fallen, mich gegen den Schwager durchzusetzen, wenn ich eine schöne Frau wäre. Seine sturen Ansichten! Aber ich mit meinem Gesicht! Ich bin die häßlichste Frau, die ich kenne.'"
„Ich habe das alles in deinem Tagebuch gelesen. Verzeih, daß ich so indiskret war."
„Ich hätte mein Tagebuch ja verbrennen können."
„Gut, daß du es nicht getan hast. Für mich ist es ein wichtiges Frauen-Zeitdokument."
„Du kennst nun viele meiner Schwächen, Ängste und Nöte. Doch das dunkelste Geschehen in meinem Leben kennst du nicht. Es hat mein Wesen verändert. Es lastet so sehr auf mir, daß ich es meinem Tagebuch verschwiegen habe. Es wird mit mir im Grabe liegen."
„Wie das tönt! Hast du mit Hanna, - sie ist schließlich deine Schwester - hast du mit ihr nicht reden können über, - ja, über diese...?"
„Mit ihr am allerwenigsten."
„Es muß einen ernsthaften Konflikt geben zwischen euch."
„Ja, so ist es."
„Und Robert, weiß er es?"
„Robert! Sei still, sei still und kein Wort mehr darüber!"
„Wahnsinnig, diese Sprachlosigkeit zwischen Menschen!"
„Wir haben uns gegenseitig das Leben zur Hölle gemacht, obschon wir aneinander hingen. Hannas Kinder waren eben auch meine Kinder. Ich habe mir die Liebe dieser Kinder geholt, weil ich sie brauchte, weil ich ohne sie in Einsamkeit erstickt wäre."
„Hast du dich in ihre Erziehung eingemischt?"

„Natürlich habe ich das getan. Ich konnte gar nicht anders. Jeden Tag saß ich mit der Familie am Mittagstisch. Hätte ich schweigend alles hinnehmen sollen? Vor allem die Streitigkeiten zwischen Vater und Sohn? Ich stellte mich immer auf die Seite der Kinder."
„Du wolltest also der gute Geist sein im Haus, die Vermittlerin?"
„Die Kinder sind jedenfalls mit ihren Sorgen zu mir gekommen."
„Das muß wiederum sehr schwer gewesen sein für meine Großmutter."
„Ja, es hat sie belastet. Ich habe mir aber das Recht genommen, meinen Einfluß geltend zu machen. Schließlich sind Kinder nicht alleiniger Besitz ihrer Eltern. . Wer Kinder besitzen will, schadet ihnen mehr, als daß er ihnen hilft."
„Hast du nicht auf deine Art Gregor besitzen wollen?"
„Ich habe ihn abgöttisch geliebt, das ist wahr, Es hatte allerdings seinen Grund. Er war der Leidende in der Familie. Und er hat, ohne daß er es wollte, Leid verursacht. Ich bin an seinem Schicksal zerbrochen."
„Für mich war Gregor der große Unbekannte, ein gut aussehender junger Onkel, den ich lebend nicht mehr antraf, den ich aber im Fotoalbum suchte und bewunderte. Meine Mutter, seine Schwester, hat mir wenig von ihm erzählt."
„Sie hat dir nicht erzählt, daß er schon mit zwei Jahren von seinem Vater weggeschickt wurde in eine Pflegfamilie? Und zwar ausgerechnet in eine Pfarrfamilie?"
„Nein, das wußte ich nicht."
„Hanna ließ es geschehen."
„Warum hat sie nicht um dieses Kind gekämpft, sich endlich ihrem Mann widersetzt?"
„Ich an ihrer Stelle hätte es getan, weiß Gott! Nie hätte ich Gregor weggegeben, einfach weil Robert seine Ruhe haben wollte. In späteren Jahren wollte er ihn dann zurückhaben und in seinem Geschäft einsetzen. Das ging natürlich nicht. Wer nie mit seinem Kind gespielt hat,

kann ihm auch keine Befehle erteilen und weder Gehorsam noch Zuneigung erwarten. Vater und Sohn verstanden sich nicht. Zu viel Ungeklärtes, Ungelebtes trennte sie voneinander. Es gab jeden Tag Streit im Geschäft. In meinem Tagebuch steht: ‚Immer wieder sehe ich den Schwager vor mir, wie er seinen Sohn traktiert. Einmal höre ich Gregor laut beten: liebe Gott, gimmer en andere Vater!'"

„In deinem Tagebuch steht auch: ‚Gregor ist die Sonne, die meinen Tag erhellt.' Doch dann, ein paar Seiten weiter, geht für dich, Lina, für meine Großmutter und ihre Töchter Hedwig, Alice und Lucie die Sonne unter. In großen unzusammenhängenden Buchstaben deine Notiz: ‚Eisenbahnzusammenstoß Dietikon. Gregor schwer verletzt im Spital. Ein Bein muß amputiert werden.'

Die Schrift in deinem Tagebuch wird immer unleserlicher. Einzelne Sätze kann ich noch entziffern: ‚Es kommt mir vor, alles sei nur ein böser Traum. Warum kann ich ihm das körperliche und seelische Leiden nicht abnehmen? Das reißt mein Herz fast entzwei. Als ich die schönen alten Spitalräume bewundere, richtet Gregor sehnsüchtig seine Augen zum Himmel und traurig sagt er: ‚die Welt ist schön.' - Das war die erste Klage, die einzige, die ich von ihm hörte. Zum Glück kann er aber auch noch fluchen, wenn etwas schief geht. Es ist recht, wenn er sich nicht ergibt, wie ich das immer tue. Hanna völlig erstarrt. Ich verstehe nicht, was in ihr vorgeht. Sie ist elend, müde und erschreckend blaß.'"

„Mir scheint, es hätte ein immerwährender Kampf stattgefunden zwischen dir und meiner Großmutter um den Sohn Gregor. Sein Tod, der Untergang des Schiffes, mit dem er nach Amerika ausreisen wollte, brachte eueren Kampf wohl zum Stillstand."

„Der Tod setzt immer Schlußpunkte. Hanna hat das Schiffsunglück geträumt, drei Wochen, bevor es passiert ist. Und dann hat sie es in der Zeitung gelesen. Einfach nur so - eine Zeile, eine winzige Zeitungsnotiz."

„Das hat mir meine Großmutter auch erzählt. Habt ihr nach Gregors Tod endlich zusammen reden können?"
„Ja."
„So kann der Tod auch Wende bedeuten? Ich war jedenfalls erstaunt über den großgeschriebenen Satz auf der zweitletzten Seite deines Tagebuchs: ‚Alle Bitterkeit gegen Robert ist geschwunden. Wir sind ein altes Trio. Wie lange?'
Im Juni 1917 schreibst du dein Testament und wünschest dir den Tod, der dich bald heimholt.
Deine letzte Eintragung: ‚Die Büroarbeit erdrückt mich, ach, ich kann nicht mehr. Milde Sonne, Septemberlicht. Glockenläuten. Roberts Geburtstag - Er ist noch immer lebensfreudig, kräftig, voller Pläne. Mein Körperabbau aber wird mir immer deutlicher. Ich bin bereit zum Sterben. Totenkissen und Hemd sind besorgt, das Testament gemacht. Ich erwarte den Befreier Tod.'
Eines, Tante Lina, befremdet mich. Du hast nie mehr deine Frauengruppe erwähnt. Du bist flügellahm geworden. Die Frauen hätten dir bestimmt helfen, mit dir reden, auch mit dir lachen wollen. Ich kann mich nämlich erinnern, daß du, im Gegensatz zu meiner Großmutter, gelacht hast. Etwas Heiteres, Unbeschwertes ging von dir aus. Ich finde deine Lebenslust auch im Tagebuch: ‚Trotz allem bin ich lebensfreudig. Im nächsten Leben wünsche ich mir Schönheit, Musik, Redekunst, Gesang, alles, was erhebt, mich im Innersten bewegt. Und daneben Karikaturen zeichnen!!'
Du hast also an die Wiedergeburt geglaubt? Und nun hat die Gregortragödie dein politisches Engagement hinweggefegt, die Lust am Kämpfen, die Freude an der Frauengruppe ausgelöscht. Ist die Lebensfreude tief im Meeresgrund versunken, dort, wo du Gregor suchst? - Du bist ihm nachgestorben. Meine Großmutter, ein Stück älter als du, hat überlebt. Still und aufrecht geht sie ihren Weg."

Großvater Kutter

Hermann Kutter, mein Großvater, begibt sich auf den Nachmittagsspaziergang mit seinem Hund. Es wiederholt sich das Bild „alter Mann - Hund". Lucies eigener und der zukünftige Schwiegervater sind beide natur- und tierliebend. Merkwürdig, daß sie sich nicht auf dieser Ebene verständigen, mindestens treffen können.
Großvater Kutter läßt die Stadt nun hinter sich und schlägt einen Fußweg ein, der durch Wiesen zum Wald führt. „Ich geh durch einen grasgrünen Wald", singt mein Großvater. Er singt dem Wald das Lied vom Wald, singt sich selber das Lied zur Freude. Am Ende der Strophe bleibt er stehen, mitten auf dem Feldweg, füllt seine Lungen mit Luft und atmet tief durch. „Du hast die Erde schön gemacht," sagt er und schaut sich um. Ein mildes Oktoberlicht bringt die Wiesen zum Leuchten. „Golddurchwirkt, als hätten tausend Engel dich bestickt!" sagt mein Großvater zur Wiese. „Die Schatten werden länger. Mir ist, als würde das Leben kürzer zur Winterszeit. - Seltsam. Ich muß mich wohl beeilen und mein Oktoberbild zu Papier bringen, bevor der Nebel es mir wegschluckt."
Großvater zieht aus seiner Rocktasche Zeichenblock und Bleistift hervor. Mit feinen schnellen Strichen entwirft er die Landschaft, die, wie es ihm scheint, vor seinen Augen zu Ruhe geht, sich auf den Winterschlaf einstellt. Im Birnbaum, hoch oben, der Ruf eines Vogels. Großvater gibt ihn zurück. Und wieder antwortet der Vogel. Eine ganze Weile dauert dieses Hin-und-Herpfeifspiel. „Zwiesprache". - Mein Großvater sucht sie mit allen Tieren und findet sie auch in einer ganz besonderen Weise. Zu Hause hält er sich nebst Hund und Katze einen zahmen Raben, der ihn überall hin begleitet, sonntags bis vor die Kirchentüre. Tiere sind wichtige, unentbehrliche Lebenspartner für ihn. Er hört auf sie, will ihre Sprache verstehen, während er Menschen mit Wörtern,

Ansprachen, Reden, Predigten oftmals überschüttet. Dies mag wohl eine Pfarrer-Eigenschaft sein. Wortgewaltige Theologen, die sich auch gegenseitig bekämpfen, weil jeder glaubt, für sich die richtige Heilslehre gefunden zu haben.
Zurück zum Großvater. Noch steht er da mit dem Zeichenblock in der Hand. „Wir müssen gehen, es wird dunkel," sagt er zu seinem Hund. Er schaut sich seine Zeichnung nochmals an, setzt Name und Datum darunter, dreht das Blatt um und schreibt auf die Rückseite: „Meiner geliebten Lucie." - Dann sucht er sich im nassen Gras einen Apfel, beißt lustvoll hinein und wandert singend, pfeifend der Stadt zu.
Lydia, seine Frau, erwartet ihn höchst ungeduldig. „Du bist viel zu spät. Hast du vergessen, daß Frau Scheller sich für heute abend angemeldet hat?"
„Ja, ich habe es tatsächlich vergessen. Es war so schön draußen. - Ist sie schon da?"
„Ja."
„Und wo?"
„In deinem Studierzimmer."
„Gut. - Bringst du uns einen Tee?"
„Soll ich dann bleiben?"
„Nein, nein, ich will allein mit ihr reden."
Hermann Kutter und Frau Scheller: Zwei Welten. Sie begegnet ihm zum ersten Mal. In Zeitungen und auf Bücherprospekten hat sie sein Gesicht schon gesehen. Doch jetzt, wie er zur Türe herein kommt, spürt sie seine geballte Lebenskraft. Sie zieht sich innerlich zurück, denn sie hat zwiespältige Erfahrungen gemacht mit energiegeladenen Männern. Sie fühlt sich auch diesmal überrollt. Viel später einmal hat sie mir von diesem Abend erzählt. „Weisch, Chind," - so fing sie immer an, „Hermann Kutter hat mich damals gar nicht anhören wollen. Es war die Zeit nach Gregors Tod. Er hat immerzu von der Güte Gottes geredet und je mehr er diesen Vater im Himmel pries, desto tiefer stieg ich mit meinen Gefühlen hinunter in den Meeresgrund zu mei-

nem verlorenen Sohn. Frau Pfarrer brachte dann den Tee. Sie trug eine schwarze Seidenschürze und eine merkwürdige Frisur, die Lucie tatsächlich nachahmte, obschon sie ihr gar nicht steht. Es wurde mir schmerzlich bewußt, daß die Schwiegereltern das Herz meiner Tochter erobert hatten. Hermann Kutter hat sich auch in höchsten Tönen ereifert über die machtgierigen Kapitalisten. Ich hätte gerne gesagt: „Herr Pfarrer, Sie sind doch auch ein mächtiger Mann mit ihren vielen Wörtern. Sie reden und reden und über das Naheliegendste, nämlich die bevorstehende Hochzeit und die Zukunft unserer Kinder finden wir keine Worte. - Doch ich schwieg und verabschiedete mich bald."
Ich sehe in Gedanken Hermann Kutter am Fenster stehen. Er schaut zu, wie meine Großmutter in ihre schwarze Limousine steigt und sich von ihrem Chauffeur heimfahren läßt. „Ja, so ist das", kann er zu seiner Frau gesagt haben, „die Autos in unserer Stadt gehören den Reichen." - Lydia räumt wahrscheinlich die Teetassen weg, nickt und denkt über Frau Scheller nach, macht sich ein Bild von ihr. Das Bild der vornehmen verwöhnten Dame, die keine Ahnung hat vom Leben einer Pfarrfamilie?
Im Lauf des abends kommt Lucie noch ins Haus. Sie möchte wissen, welchen Verlauf das Gespräch zwischen Mutter und Schwiegervater genommen hat. Hermann Kutter führt Lucie in seine Studierstube und bietet ihr denselben Stuhl an, auf dem ihre Mutter Platz genommen hat. Im Gegensatz zu ihr fühlt sich Lucie in dieser Bücherhöhle wohl. Als Erstes überreicht ihr Hermann Kutter seine Zeichnung.
„Was du alles kannst," sagt sie staunend.
„So viel ich weiß, zeichnest du auch."
„Was soll ich gezeichnet haben?"
„Deinen zukünftigen Garten."
„Ach so, du meinst, - ja, ich hab da nur so etwas auf ein Blatt Papier gekritzelt am Küchentisch, als wir vom Garten redeten, deine Frau und ich."

„Ich habe jedenfalls an Hand deiner Skizze ahnen können, daß du einmal einen schönen, gut durchdachten Garten haben wirst."
„Das hoffe ich. Schließlich bin ich Gärtnerin. Wir werden uns außerhalb des Dorfes noch ein Stück Land dazu mieten und es bepflanzen. Der Lohn von 300 Franken reicht nicht aus."
„Dein Vater wird dich also nicht unterstützen?"
„Nein, ich will es auch nicht. Ich schaff das schon alleine."
Doch was Lucie nicht alleine schafft, ist die Bewältigung einer grenzenlosen Trauer um den verlorenen Bruder. Die Trauer macht ja auch, daß sie aus der eigenen Familie immer wieder ausbrechen und in der neuen Familie Anregung, Zuversicht und Hilfe suchen muß.
Nachdem sie mit dem Schwiegervater das Thema Garten besprochen hat, weiß sie plötzlich nicht mehr, worüber sie mit ihm reden soll. Ihn fragen: „Wie war's denn mit meiner Mutter?"
Nein, sie kann es nicht. Sie hat nur noch ein Verlangen: Den jungen, ihren Hermann zu sehen. Mit allen Fasern ihres Herzens wünscht sie sich den Bräutigam herbei. Sie weiß zwar, daß er als Vikar in einer Zürcher Außengemeinde arbeitet. Trotzdem ihre Frage: „Wo ist Hermann?"
Ohne den geringsten Zweifel in der Stimme sagt ihr Schwiegervater: „Er wird noch kommen. Er weiß doch, daß du ihn brauchst."
„Glaubst du das wirklich?"
„Ich bin mir sicher."
„Es wird schon so sein, wenn er es sagt," denkt Lucie. Sie verläßt sich felsenfest auf das Wort dieses Mannes. Und tatsächlich: Hermann trifft zu später Stunde noch ein. In der Dunkelheit kommt er angeradelt auf seinem Velo. Lucie hört die Schritte im Kies, springt ihm in die Arme. „Wie gut, daß du kommst!"

„Er hat noch Wind im Haar," denkt sie, „in den Kleidern den Herbstgeruch, im Kopf tausend Pläne und er weiß immer etwas zu erzählen."
Sie hört ihm begeistert zu. „Das Schönste," sagt ihre innere Stimme, „das Schönste ist seine Vorfreude auf das kommende Beisammensein."
Er nimmt sie in den Arm und zählt alles auf, was ihnen bevorsteht: „Hochzeit, Ehe, Haus, Garten, so Gott will Kinder, ein Amt, ein eigenes Dorf, Lucie, ein Bauerndorf! Und über dem Dorf die Kirche mitten in Feldern. Was gibt es Schöneres!"

Lucie

Es geht ein Flüstern durch das Dorf: „Sie sind da!"
„Noch immer hängen die Girlanden über der Kirchentüre. Hast du's gesehn, Frieda? - Schwester Fanny hat die Papierrosen gemacht. Das kann die halt."
„Es war ein schönes Empfangsfest oben in der Kirche. Die vielen Leute! Und wie der predigt, frisch von der Leber weg."
„Endlich haben wir wieder einen Pfarrer. Kein leeres Pfarrhaus mehr. Es sieht jetzt freundlich aus. An den Fenstern die weiß gestärkten Vorhänge."
„Hast du sie schon gesehn?"
„Ich seh sie jeden Tag im Garten."
„Bei der Arbeit?"
„Ja, sie macht das gut. Von der kann unsereins noch etwas lernen. Hühner hat sie auch schon. Enten sogar. - Er hat sie fotografiert mit der Katze im Arm unter der Haustüre. Sie ist eine Freundliche. Er hat kohlschwarze Augen, lacht und redet mit den Leuten, geht sogar ab und zu ins Rößli. Politisiert dort, scheint's auch mit der Rößliwirtin."
„Kinder?"

„Nein, noch keine. In ein paar Monaten kann ich mehr sagen..."
Weiß Lucie, meine Mutter, was alles über sie und ihren Mann geflüstert und geredet wird? - Ob sie es weiß oder nicht: Sie fühlt sich in diesem Dorf zu Hause. „Hier bin ich Mensch, hier darf ich sein. So sein, wie ich bin."
Setzen wir uns einen Augenblick zu ihr an den gedeckten Schiefertisch in ihrer Stube. Sie wartet offensichtlich auf Hermann. Er kommt pünktlich wie immer. Unter der Kaffeehaube dampft die Milch. Brot, selbstgemachte Butter, Confitüre und Emmentalerkäse stehen für sie und ihn bereit. Die Abendmahlzeit! In späteren Jahren werden er und die Kinder oft auf das Mittagessen warten

müssen. Lucie entwickelt sich nämlich zu einer Fünfsternköchin, der die Zeit davon rennt, so daß es mit ihrer Pünktlichkeit vorbei ist. Auf seine Pünktlichkeit legt sie nach wie vor großen Wert. Ist sie mit dem Essen nicht bereit, kann er ja Zeitung lesen! Schon als junges Mädchen habe ich mir geschworen: „Nie werden meine hungrigen Schulkinder auf Essen warten müssen!"
Hermann setzt sich nun oben an den Tisch. Lucie nimmt in der Mitte ihren Platz ein. Und diese Sitzordnung wird für immer beibehalten. Hermann spricht das Tischgebet nur bei der Hauptmahlzeit, dem Mittagessen.
„Wo warst du, Hermann?"
„Ich habe die Meßmersleute, die Greutmanns besucht und die beiden Töchter Anna und Emma kennengelernt. Zwei berufstätige, weitgereiste Krankenschwestern. Selbständige Frauen, die für ihren eigenen Unterhalt sorgen."
Lucie hört interessiert zu. Selbständig sein, eigene Wege gehen, das klingt bei ihr an. Sie will auf jeden Fall Anna und Emma kennen lernen.
Mit Emma wird sie sich befreunden.
„Etwas Merkwürdiges hat mir die Meßmerin erzählt", fährt Hermann fort. „Der Tisch, an dem wir zwei hier sitzen und den uns der Gemeindepräsident samt allen Stabellen zu einem so günstigen Preis verkauft hat, soll im Besitz einer Pfarrfamilie gewesen sein. Sie hat hier gewohnt, in diesem Haus. Und hier sind sie alle gestorben: Vater, Mutter, sechs Kinder."
„Alle auf einmal?" - Lucie schüttelt ungläubig den Kopf. „Wie hat sich das zugetragen?"
„Scheinbar eine Vergiftung. Die Pfarrfrau soll aus Rhabarberblättern und Blüten Spinat gekocht haben. Alle haben davon gegessen und alle sind daran gestorben. Die Meßmerin sagt, es wären arme Leute gewesen. Ein armer Pfarrer. Das gab es damals."
„So sitzen wir also mit Geistern am Tisch, Hermann? - Sitzt auf jeder Stabelle ein Kindergespenst? Wie heißt das meine?" -- Lucie dreht sich auf ihrem Stuhl um und

betrachtet eingehend die Lehne. Eingeritzt in einen hölzernen geschnitzten Blumenkranz die Initialen MB 1819. „Hieß mein Kindergespenst etwa Martha Blum? - Ich nenne dich so, Martha und ich werde mich immer auf deine Stabelle setzen. Vielleicht war sie dein einziger Besitz."
„Und was besitzen wir?" - Hermann schaut seine Frau an.
„Ach, Hermann, längst genug. Es reicht doch. Und wenn wir dringend etwas Neues brauchen, gibt es ja den Dorfschreiner. Der macht alles so, wie ich es gern habe. Du glaubst gar nicht, wie froh ich bin, daß ich die schweren Polstermöbel, Teppiche, Seidenvorhänge, all dies Drückende, Erdrückende hinter mir gelassen habe. Hätte ich Franz geheiratet, wäre ich womöglich vom Regen in die Traufe gekommen. Ein gefangener Vogel im goldenen Käfig! - Jetzt bin ich frei wie der Vogel auf dem Feld."
„Du hast dich doch wohl gefühlt in der Stadt oder täusche ich mich?"
„Die Stadt ist nicht das Elternhaus, Hermann. - Ja, die Stadt hatte ich gern. Abends die Gassen im Laternenlicht, unser blaues Züritram. Das geschäftige Hin und Her der Leute auf den Straßen, Plätzen, in den Läden. Der See, die Möwen, weit im Dunst die Berge. Es war Leben, es war schön! Doch im Elternhaus regierte immer wieder der Tod. Er hat mir alles genommen, woran mein Herz hing. Erst den älteren Bruder, dann die winzige kleine Hanna, dann, du weißt es ja, Gregor. Und daß wir zwei nicht im Einverständnis mit meinen Eltern eine fröhliche Hochzeit feiern konnten, weil mein Vater uns ablehnt, daß er unser Dorf nicht sehen will, hat weiß Gott auch mehr mit Tod als mit Leben zu tun. - Doch ich kann wieder atmen, ein neues Leben beginnen und du bist da."
Lucie steht vom Tisch auf, öffnet das Fenster. Die Betzeitglocke läutet. Lucie läßt die Töne zu sich herein.
„Ich weiß wohl", sagt sie zu Hermann, „Landleben ist nicht einfach Idylle, trotzdem mache ich dir, den Kühen,

die jetzt gerade zum Brunnen getrieben werden, meinem Flieder, der vom Garten her duftet, dem Bach dort drüben, den Hügeln, dem Abendhimmel mit seiner Mondsichel eine Liebeserklärung. Nie bringst du mich weg von hier, nie, nie!"

Der Vater

In unserem Jahrhundert, in dem jeder sich sein religiöses Menue selber zusammenstellt, gibt es Leute, die sagen, Kinder würden sich ihre Eltern auslesen. -- Ich habe mir also Lucie und Hermann ausgesucht.
An einem kalten Januarnachmittag, - es ist vier Uhr und die gelbe Postkutsche fährt eben ins Dorf, platze ich mitten in ihr Leben. Die Dorfhebamme hilft mir dabei. „'s Madleli." - Ich wachse in dieses Dorf hinein, wie in eine zweite Haut, als wäre sie auf mich zugeschnitten. Ich spüre, obschon ich noch ein Kind bin, daß meine Eltern am richtigen Ort sind. Nach allen Seiten hin entfalten sie ihre Talente.
Mein Vater ist Pfarrer und Bauer zugleich. „Arbeiterpriester" könnte ich ihn nennen. Es treibt ihn hinaus zu den Leuten auf die Äcker und Felder. Völlig normal, daß er nicht die Gefangenschaft eines Studierzimmers erträgt, mag es noch so gut ausstaffiert sein mit neuester theologischer Erkenntnis.
Wenn die Luft in der Sommerhitze flimmert, das Heufieber im Dorf ausbricht, gehört der Pfarrer mit dazu. Davon ist mein Vater überzeugt, das sagt ihm auch sein Instinkt. Eigenartig, daß sich im Protestantismus bis zum heutigen Tag die Idee des Arbeiterpfarrers nicht durchgesetzt hat. Immer noch wird dem „Wort" größte Bedeutung beigemessen. Doch ich frage mich, ob das Wort nicht ausgewandert ist in die Medien, in die Psychiatrie. Und was es dort tut? Ob es Heil und Unheil anrichtet?
Als Kind bin ich jedenfalls stolz auf jede körperliche Betätigung meines Vaters. Es ist mir mulmig zu Mute, wenn er auf der Kanzel steht im schwarzen Talar und Wörter, eingepackt in pathetische Töne und Gebärden, auf die müden Bauern herabsendet. Ich spüre in solchen Momenten viel Fremdheit, die mich von ihm trennt. Dieses viele reden über Gott ist mir peinlich, ich schäme mich. Ich möchte einen ganz „gewöhnlichen" Vater ha-

ben, am liebsten einen Bauern. Und wenn er dann diese Rolle übernimmt, bin ich zufrieden, fühle mich geborgen und gehe mit ihm aufs Feld. Ich stelle fest, daß er eben so gut mit Sense, Heugabel und Rechen umgehen kann wie Jakob Blum, sein Beggingerfreund.
Auch ich muß Jakob und den Dorfkindern beweisen, daß ich arbeiten kann. Mit meiner dreizackigen Kinderheugabel bin ich den ganzen Sommer über am Heuen. Oder mache ich das alles nur, um meinem Vater zu gefallen? Er hat es schon gern, wenn ich für ihn arbeite, zum Beispiel das Holz, das er auf einem Spaltstock vor dem Pfarrhaus zerkleinert, aufschichte zu einer ebenmäßigen Wand.
Ich verschließe mich ihm jedoch ganz und gar, wenn er mir Moralpredigten hält, mich mit Wörtern traktiert. Sie fruchten wenig, zerstören viel. Ich muß es als Erwachsene an mir selber erfahren mit meinen Kindern. Alle an sie verschwendeten Wörter möchte ich zurücknehmen können. Ich habe damit den Kindern nur Leid angetan. Was habe ich da von meinen Ahnen übernommen! Diese Kette hätte ich durchbrechen müssen. Vielleicht ist meine Großmutter Hanna in meinem Herzen verankert, weil sie nie jemanden mit Wörtern beherrschen wollte. Sie hat immer das Gespräch gesucht, hat zuhören können.
Vaters Moralpredigten! Er hat sie uns die ganze Kindheit hindurch gehalten. Es geschieht sogar, daß ich mit meinen beiden Schwestern nach dem Samstagbad im Nachthemd vor ihm stehe und meine Wochensünden bekennen sollte, wobei mir nicht bewußt wird, daß ich überhaupt welche begangen habe. Bergman-Szenen! Sie haben sich so oder ähnlich in vielen Bürgerhäusern jener Zeit abgespielt. Daß ein Vater ganz anders mit Töchtern umgehen kann, erfahre ich bei einer Freundin und später in einer französischen Pfarrfamilie. Dort ist eine Atmosphäre der Gleichberechtigung. Der Herr des Hauses ist der Freund des Hauses, kein bißchen höher im Rang als alle andern.

Ich will die Väter nicht zu Sündenböcken stempeln. Sie sind, wie wir, Kinder ihrer Zeit. Doch es ist unglaublich, wie sehr Männer noch immer das Sagen haben, wie sie unsere Kultur, den Sport, die Medien, die Öffentlichkeit, die Kriege bestimmen.
Nochmals zurück zur Bergman-Szene. Wir drei Mädchen stehen also da im Nachthemd in Vaters Studierzimmer. Vater ist angezogen, sitzt hinter seinem Schreibtisch, ist unangreifbar. Wir aber fühlen uns angreifbar, ausgeliefert, schutzlos.
In mir wächst schon als Kind ein Trotz gegen die Übermacht des Mannes. Doch solange ich im Dorf bin, fühle ich mich wie in einer Hülle. Wahrscheinlich, weil mein Vater sich auch wohl fühlt. Er hat die Leute im Dorf gern, kennt sie, begleitet sie, kümmert sich um sie. Und dieses Beschäftigtsein mit ihnen gibt mir einen großen Freiraum. Ich bin kein überbehütetes, kontrolliertes Kind, das dauernd sagen muß, wo es hingeht, was es tut. Ich bin ein freies Kind, kann stehen und gehen, wo ich will. Manchmal schlüpfe ich irgendwo unter, in einer Bauernfamilie, setze mich an einen fremden Familientisch. Das hat in ihrer Kindheit schon meine Großmutter Hanna getan, nur mit dem Unterschied, daß ihre Mutter Angst hatte, Familienangelegenheiten würden so unter die Leute kommen, während meine Eltern mich sorglos gehen lassen. „Sie chunnt scho wieder zum Vorschie", höre ich meinen Vater sagen. Er hat keine Angst um mich und auch keine Angst vor dem Dorfklatsch. Es gibt keine Schelte, wenn ich nicht zum Mittagessen erscheine. „Sie isch uf em Bückli", heißt es dann. „Bis Schudels oder bis Förschters." - Die beiden Häuser stehen sich schräg gegenüber an einer steilen Straße, die zum Wald führt. Schudels haben einen großen stattlichen Bauernhof. Das Försterhaus ist klein und mir scheint, es stehe einfach immer in der Sonne. Das hat wohl mit dem Gemüt der Leute zu tun. Im Gesicht der Försterin glänzt ihre eigene Sonne. Ich sehe die Frau unter der Haustüre stehen, rund und fröhlich. Sie lacht und plaudert gerne

mit meinem Vater. Und ich erinnere mich an die jungen schönen Männer, ihre Söhne. Dunkle Gesichter, sonnenverbrannt. Der Förster sitzt oben am Tisch, vor sich einen Teller mit Hörnli. Er stützt die Arme auf, läßt sich Zeit zum essen. Aus freundlichen Augen zwinkert er mir zu, wenn ich mich mitten unter seine Söhne setze, als wären sie meine Brüder. Er schenkt mir vom eigenen sauren Most ein und sie lachen alle, wenn ich beim Trinken kein Gesicht verziehe, so tue, als wäre gegorener Most das beste Getränk der Welt. Ich will dazu gehören, also trinke ich. Vater will auch dazu gehören, also besucht er die Familien im Dorf und zufällig findet er mich im Försterhaus. Mit dem Förster verbindet ihn die Liebe zum Wald. Hätte er nicht auch Förster werden wollen? Er hätte es werden sollen, sage ich. Doch sein Vater, der mächtige Mann im Hintergrund, hat ihn zum Theologiestudium überredet, wahrscheinlich auf einem Spaziergang durch den Wald. Diese Waldspaziergänge haben es in sich! So neben einander hergehen, womöglich an einem schönen Tag und hinhören, was der Ältere, Erfahrenere sagt und dann tatsächlich denselben Weg gehen. Aus symbiotischer Verehrung oder aus Angst?
Vater Hermann, hättest du doch auf einem euerer Spaziergänge an einer Kreuzung zu deinem Vater, dessen Namen du auch noch tragen mußt, gesagt: „Hier ist dein Weg und dies hier ist der meine. Er führt durchs Gestrüpp und er führt woanders hin als der deine. Ich will ihn aber alleine gehen. Laß mich! Laß mich los!"
Als Förster hättest du nicht im Schatten deines berühmten Vaters gelebt, sondern im Schatten und im Licht des Waldes.

Not macht erfinderisch

Not hat viele Gesichter. Über Not läßt sich viel sagen. Wir kennen die Aussprüche: „Not lehrt beten." - „I der Not frißt de Tüfel Flüge." - „Not macht erfinderisch." Letzteres trifft auf meine Eltern, wohl am meisten auf meine Mutter zu. Ich will sie nicht zur Wohltäterin stempeln. Wohltätigkeit hat keinen guten Klang. Man spricht heute schnell einmal vom „Helfertrip", vom „Helfersyndrom".
Lucie hat sich die Aufgabe der helfenden Pfarrfrau nicht ausgesucht. Sie wird ihr vielmehr vor die Füße gelegt. Sensibilisiert durch eigene Leiderfahrung geht sie mit offenen Augen durchs Dorf und sieht die Armut, sieht die Not. Daß sie sich aktiv an ihr beteiligt, die Familien mit Wäsche und Lebensmitteln versorgt, Kranke pflegt, hat viel mit ihrer eigenen Person und einem unerfüllten Berufswunsch zu tun. Sie wäre gerne Ärztin geworden. Am liebsten Naturärztin. Das Phänomen „Heilen", so erzählt sie mir etliche Male im Lauf ihres Lebens, hätte sie schon von Kindsbeinen an fasziniert und sie hätte schon immer großes Vertrauen gehabt in die Kräfte der Natur. Doch sie sei während ihrer ganzen Schulzeit ein rachitisches Kind gewesen. Ihre Mutter hätte sie von einer Kur in die andere geschickt. Und so sei eben nichts geworden aus dem heiß ersehnten Medizinstudium.
Im Gärtnerinnenberuf an der frischen Meeresluft von England und im Zusammenleben mit gleichaltrigen, jungen Frauen, hat Lucie sich von ihrer Krankheit erholen können. Endlich frei sein von zu Hause! - Lucie hat in England nicht nur frische Meeresluft, sie hat auch Lebensluft geatmet, Lebenslust verspürt, eine Freundin gefunden, eine neue Sprache gelernt und beibehalten, weil sie sie liebt. Und sie hat sich voll und ganz dem biologischen Gärtnern verschrieben unter Anleitung eines, wie wir heute sagen würden, „grünen" Lehrmeisters. Ihn hat sie zeitlebens verehrt und von seinem Wissen gezehrt.

Mit diesem Wissen kommt Lucie zu den Beggingerfrauen. Sie findet offene Türen, weil die Bäuerinnen ähnliche, wenn nicht dieselben Interessen haben.
Immer deutlicher erkennt Lucie die Zusammenhänge zwischen Ernährung und Krankheit. Da bricht die Tuberkulose aus im Dorf. Lucie pflegt Kranke, steckt sich an und muß zur Kur nach Arosa.
Und wir, drei kleine Mädchen? - Wir sind plötzlich verwaiste Kinder. Ich weiß noch, daß ich vor dem Einschlafen überlege: „Wo ist Mutter? Was geschieht mit ihr dort oben im Schnee, weit weg von hier?" - Manchmal verschwimmt ihr Gesicht, ihre ganze Gestalt und ich fühle mich verlassen.
In meiner Erinnerung husten, schlitteln und frieren wir einen Winter lang, haben Frostbeulen an den Füßen, kuscheln uns nach dem Samstagabendbad auf der warmen Kunst aneinander, lassen uns verwöhnen mit frischem Brot und heißem Kakao von Rosa, unserer Magd. Sie, nur sie ist für uns zuständig. Sie kennt unsere Lebensgewohnheiten und wir sind mit ihrer Arbeitsweise vertraut. Ich habe ihr Lachen gern, ihren schwäbischen Dialekt, die Art, wie sie mich an ihre weichen Wangen drückt. Ich klammere mich an sie und fürchte mich vor der Tante aus Zürich, Mutters Schwester. Sie teilt uns mit ernstem Gesicht ernste Befehle aus, tut uns aber nichts zuleide. Merkwürdig, die fremde Atmosphäre im Haus während Mutters Abwesenheit. Es ist, als würde irgend etwas still stehen.
Doch Mutter kommt zurück und im Nachhinein scheint es mir, als wäre alles reibungslos weiter gegangen. Nur etwas hat sich geändert. Mutter geht nicht mehr selber die Kranken pflegen. Die Gemeinde wird eine Pflegerin anstellen müssen.
Eines Tages kommt der Gemeindepräsident ins Pfarrhaus und spricht mit meinen Eltern. Es fehle ihm an Geld, sagt er. Aus der Gemeindekasse könne er keine Pflegerin bezahlen. Ob Frau Pfarrer vielleicht den etwas wackligen Frauenverein wieder auf die Beine stellen und

mit ihm auf irgend eine Weise etwas Geld verdienen könnte?
Lucie übernimmt die Aufgabe, übernimmt sie gerne, denn ihre Fantasie ist angesprochen.
Zunächst sitzen nur ein paar Frauen etwas ratlos um den runden Tisch in der Parterrestube des Pfarrhauses. „Was will die Pfarrersfrau von uns?" denken wohl die meisten. Lucie macht einen Vorschlag: „Die Beggingerinnen könnten einen Stand eröffnen am Schaffhauser Frühlings- und Herbstmarkt. Jede kann etwas beisteuern, auch wenn es wenig ist: ein paar Eier, Zwiebeln, einen Gartenstrauß oder so." Es scheint 'die Idee' gewesen zu sein und sie breitet sich im Dorf aus wie ein Lauffeuer.
Der Begginger-Frauenverein kommt zum Blühen, wird im ganzen Land bekannt. Es steht in der Zeitung, wann und wo die Beggingerinnen ihren Stand haben in der Stadt. Daß es dort „Schlüferli" (Fastnachtsküchlein), Gemüse, Äpfel, gedörrte Schnitze, Speck, Zwiebel-Knoblauchzöpfe, Züpfe, Bauernbrot und schon das erste Weihnachtsgebäck gibt. Ich erinnere mich an die weißen Leinensäcklein, gefüllt mir Dörrbohnen, bestickt mit Herzen, Blumen oder Sprüchen. Sie baumeln an einer langen Schnur über dem Marktstand. So etwas zieht die Käufer an. Die Frauenvereinskasse füllt sich und die Kaufmannstochter Lucie freut sich darüber. Im Namen aller Beggingerinnen überbringt sie dem Gemeindepräsident das Geld, mit dem er die zukünftige Gemeindeschwester bezahlen wird.
Von nun an sind sie jedes Jahr anzutreffen an ihrem Stand, die Begginger-Frauen! Man würde sie vermissen, wären sie nicht da.
Die Aktivität der Mutter spornt mich zu eigenem Tun an. Ich möchte auch an einem Marktstand stehen und Dinge verkaufen. Das wünsche ich mir sehnlichst. Nun geschieht etwas Überraschendes. Ausgerechnet die etwas strenge Tante aus Zürich, - sie ist meine Patin, schickt mir mitten im Jahr ein riesiges Paket. Fast wie Geburtstag! Oder noch viel schöner. Das Glückspaket

von Tante Hedi enthält wunderbare Dinge: Bleistifte, Farbstifte, Radiergummis, Album-Abziehbilder, Zaubermuscheln, die sich im Wasser öffnen, kleine japanische Schirmchen, Püppchen, weiße und schwarze, Puppengeschirr, Kreisel, Marmeln.
„Das alles kann ich verkaufen. Im Gartenhäuschen richte ich mir den Marktstand ein. Ich werde viel Geld verdienen. - Hörst du mir nicht zu, Mutter?"
„Doch, doch. Aber ich bin nicht einverstanden mit dem, was du vor hast. So geht das nicht. Woher sollten die Dorfkinder Geld haben? Wenn du „Bazar" spielen willst, können die Kinder mit Steinen bezahlen."
„Mit Steinen!" - Ich bin sehr enttäuscht. Doch Mutters Argumente leuchten mir ein. Sie hat ja recht.
Ich eröffne also meinen Steinbazar. Die Kinder kommen. All die schönen Dinge verschwinden. Übrig bleibt ein Stoffsäcklein voller Steine. Ich streue sie in den Wind. Und in den Wind streue ich weitere Bazarpläne. Ich habe eine wichtige Erfahrung gemacht: Kaufen und Verkaufen, Lädeli spielen, Ware anbieten ist nicht meine Sache. Ich muß nicht meine Mutter imitieren. Meine Fantasie wird anderswo ihre Blüten treiben können!

Merkwürdige Ferien

Ferien? Wir sind wohl die einzigen Kinder im Dorf, die von Zeit zu Zeit in die Ferien geschickt werden.
„Warum muß ich denn jetzt in die Ferien, wo doch bald Ostern ist?" frage ich meine Mutter. Sie packt ungefragt meine Sachen zusammen, füllt den Bastkorb mit Wäsche und wollenen Strümpfen. Immer noch Wollenes, obschon es draußen wärmer wird! Oben drüber legt sie das gehäkelte Sonntagskleid. Es ist violett mit grünen Querstreifen. Ich bin stolz auf diesen Rock. Er schwingt mir so schön um die Beine, wenn ich mich bewege und er hat kurze Ärmel. Leider muß ich ihn immer mit einer weißen Voileschürze tragen. „Damit er nicht schmutzig wird", sagt Mutter. Auch jetzt muß die Schürze mit. Sie ist ganz steif. Rosa hat sie im Stärkewasser gebadet.
Mutter läßt überhaupt nicht mit sich reden über diese Ferienverbannung. Ich gebe ihr deutlich zu verstehen, daß ich zu Hause bleiben möchte an Ostern. Eier färben, Eier suchen und verstecken, Eier austauschen mit den Dorfkindern, all das will ich mir nicht entgehen lassen. Ich möchte auch im Sonntagskleid, ohne Schürze durchs Dorf schlendern, den kleinen Bruder im Wagen spazieren führen, das Frühlingswetter genießen und mit meinem Freund die ersten Blumen suchen. Das ist mir besonders wichtig. Wir kennen uns seit der Kindergartenzeit bei Schwester Fanny. Ich kann mir das Dorf ohne Hans nicht vorstellen. Wenn ich ihm begegne, geht für mich die Sonne auf, dann fühle ich mich rundherum warm, aufgehoben, glücklich.
Wie kann ich Mutter umstimmen? Ich will mit Hans zusammen Ostern erleben, auch bei ihm zu Hause sein in seiner Familie, in der großen hellen Bückli-Bauernstube. Doch Mutter geht auf meine Bitte nicht ein. Hört sie mir überhaupt zu? Mir scheint, sie sei mit irgend etwas Anderem beschäftigt und es beunruhigt mich. „Wohin muß ich gehen?" frage ich ein letztes Mal, obschon ich weiß, daß es die Großeltern Kutter sind, die ich besuchen soll.

Seit Großvaters Pensionierung wohnen sie in Schaffhausen. Sie haben die große Stadt Zürich gegen die ländliche Stadt am Rhein getauscht, um in der Nähe ihrer Kinder zu sein. Ich werde den Verdacht nicht los, daß Mutter mich forthaben will um ihretwillen. Irgend etwas liegt in der Luft. Ein neunjähriges Kind ist viel hellhöriger als Erwachsene denken. Ich spüre doch, daß etwas nicht stimmt. Spüre es auch an der Art, wie mich die Großeltern am Bahnhof in Empfang nehmen. So überschwenglich, überfreundlich. Ich stapfe mit ihnen durch die Stadt, eigentlich voller Trotz und Abwehr. Eine lange Treppe, die meinen Großeltern Mühe macht, führt zu ihrem Reihenhaus. Ein neues Quartier, in dem sie sich nie ganz wohl fühlen werden. Sie kommen sich eingesperrt vor in den winzigen Zimmern. Das kann ich verstehen. Es geht mir auch so. Kaum angekommen, fehlen mir Dorfstraße und Postplatz, unsere Kindertreffpunkte. Wehmütig schaue ich zum Fenster hinaus und denke: „Jetzt spielen sie : Mariechen saß auf einem Stein und Dornröschen war ein schönes Kind und wir kommen aus dem Morgenland und , und , und! Was soll ich hier so alleine?"
Großmutter ruft mich zum „Zvieri." Sie schenkt mir Kakao ein und schneidet ein großes Stück Weißbrot ab. Es gibt sogar Butter und ich darf mir Zucker aufs Butterbrot streuen. Wer will mir was versüßen? Die bittere Wahrheit wird eh zur Sprache kommen und zwar gleich. Großvater ergreift das Wort. „Ursula, ich muß dir etwas sagen. Deine Eltern ziehen bald weg aus Beggingen."
Mich trifft der Schlag. Ach, deshalb hat mich Mutter fortgeschickt! Sie wollte es mir nicht selber sagen. Aus Angst vor meiner Halsstarrigkeit, Uneinsichtigkeit? So würde sie meinen Widerstand nennen. Angst vor meinem Schmerz? - Ja, meinen Schmerz erträgt sie nicht.
Ich höre nicht wirklich hin, was Großvater alles sagt, womit er mich trösten und Vaters Entschluß rechtfertigen will. Wie kann ich verhindern, daß wir wegziehen? Wie, um Gottes Willen, mache ich das? In meinem Hirn arbeitet es fieberhaft und die Tränen strömen mir aus den Augen.

Großmutter holt mir ein riesiges Großvater-Taschentuch, rot mit weißen Tupfen. Ich sehe es noch vor mir. Wäre ich ein Kind der neunziger Jahre, hätte ich mich ans Telefon gestürzt und mit meinem Freund einen Plan ausgeheckt, wohin wir zusammen fliehen und uns verstecken könnten. Dem allem entfliehen, was auf mich zukommt - Ich bin aber ein Kind der zwanziger Jahre. Der Telefonapparat etwas Heiliges, nur für Erwachsene da! Ich muß mit meinem Schmerz allein zurecht kommen. Der Großvater legt mir seine Katze in den Schoß, „'s Möhrli." Ich rede mit ihm, streichle sein schwarzes Fell und denke dabei an unsere Hühner in Beggingen. Werde ich mich auch von ihnen trennen müssen? Ich führe oft lange Gespräche mit ihnen. Aus dem Fenster meiner Schlafkammer sehe ich direkt in den Hühnerhof. Am Morgen weckt mich der Hahn und da ich keine Tiefschläferin bin, zähle ich jeweils, wie lange es geht von einem Kikeriki zum andern. Hahnenschrei bedeutet mir heute noch: Dorf, Vertrautheit, Nestwärme.

Die Großeltern geben sich eine Woche lang Mühe, mich abzulenken, zu erheitern und immer wieder zu trösten. Ich aber zähle die Stunden, bis ich mit dem „Schlatemer-Bähnli" und der Postkutsche heimfahren kann.

„Wie viele Monate bleiben wir noch in Beggingen? Warum gehen wir überhaupt? Könnten wir nicht hier bleiben für immer?" - Mit diesen Fragen und Wünschen bedränge ich meine Mutter tagtäglich, ohne zu wissen, wie sie selber die letzte Beggingerzeit erlebt. Kann sie sich so ohne weiteres lösen vom Dorf, mit dem sie sich eng verbunden hat? Glaubt sie an die Berufung, von der Hermann spricht? Ist sie dieser Berufung verpflichtet: „Wo du hingehst, da will auch ich hingehen?" - Muß sie alles hinter sich lassen, was ihr lieb geworden ist? So, wie es in der Abrahamsgeschichte geschieht, die Vater in der Kinderlehre erzählt? Wählt er diese Geschichte, weil auch er sich mit dem Weggehen auseinander setzen muß? - Abram hört die Stimme Gottes, die ihm sagt, er solle sein Land Haran verlassen und nach Kanaan ziehen mit seiner Frau Sarai. Sie gibt alles auf und geht mit

ihm. Widerstandslos? Die Bibel sagt kein Wort über ihr Verhalten. Sarai nimmt Abschied von ihrem Land, ihren Schafen, ihrem Garten, ihrem Haus und ihren Gepflogenheiten. Sie ist eine gehorsame Frau wie die meisten Frauen jener und auch noch zu Mutters Zeit.
Es gilt als die größte Pfarrertugend, sich anstandslos, ohne viel Wenn und Aber von der Gemeinde zu trennen, in der man jahrelang gelebt hat. Freie Bahn dem neuen Seelsorger. Für viele Gemeinden ist der Pfarrwechsel gut, für andere schmerzlich. Die Begginger sind traurig, daß meine Eltern gehen. Rückblickend weiß ich, daß meiner Mutter Herz an diesem Dorf hing bis zu ihrem Tod. Kein anderer Platz auf Erden hat ihr Beggingen ersetzen können. Ich habe, stellvertretend für sie, das Beggingerleben weitergeführt. Gut, daß es den Pfarrkindern nicht verwehrt ist, die alte Heimat wiederzusehen.
Ich bin das einzige Kutterkind, das regelmäßig im Dorf wieder auftaucht. Bei Schudels auf dem „Bückli", wo mein Freund zu Hause ist, fühle ich mich beheimatet. Dort gibt es einen warmen Platz für mich, das blau getäferte Gästezimmer mit dem breiten hohen Bauernbett. Jeden Morgen stehe ich schon früh am offenen Fenster voller Erwartung, was der Tag mir alles bringen wird. Meistens gehe ich mit Schudels aufs Feld und zwischendurch bin ich im Dorf auf Entdeckungsreisen. Die Leute kennen mich, viele rufen, wenn sie mich sehen, bleiben stehen, reden mit mir, laden mich zu sich ein, wollen wissen, ob es uns in Bruggen gefällt, was der Jüngste macht, der Bruder, der kurz vor dem Umzug noch in Beggingen zur Welt gekommen ist. Ich erzähle, sage, Bruggen sei niemals so schön wie Beggingen und sie erzählen, was sich im Dorf ereignet hat.
Alle Neuigkeiten trage ich nach Hause zur Mutter. Zu wem denn sonst!

Mit alten Zöpfen aufräumen

Ich sitze in der großen, weiß gekachelten Bruggener Küche auf meinem Holzschemel und wärme meinen Rükken an den dicken heißen Rippen der Zentralheizung. Draußen fallen vereinzelte Schneeflocken. Doch die Sonne scheint durch sie hindurch und in den Bäumen zwitschern die ersten Vögel. „Februarschnee tut nicht mehr weh, denn der März ist in der Näh!" Ein Spruch, den mir eine Schulkameradin ins Poesiealbum geschrieben hat. Ich höre Mutters Stimme. Sie telefoniert draußen im Flur mit Lydia Kutter, ihrer Schwiegermutter, die nun nicht mehr in Schaffhausen, sondern in Flawil, im Hause ihres Sohnes, des Apothekers Heinrich Kutter wohnt. „Mit alten Zöpfen sollte man endlich aufräumen!" höre ich meine Mutter aufgeregt sagen. Leise öffne ich die Tür einen Spalt, setze mich wieder auf den Schemel und höre verwundert zu. Lucie fährt fort: „Nie werde ich es so machen wie meine Eltern in Zürich, nie! Nun sitzen sie allein am Tisch mit ihrem vielen Silber und Porzellan und lassen sich noch immer von Lotte bedienen. Vornehmes Getue! Stell dir vor, Lotte muß auf ein Klingelzeichen herein kommen, Schüsseln hinstellen, Schüsseln abtragen. Still und ergeben macht sie es und ebenso stumm verschwindet sie wieder. Nein, so will ich es nicht haben! Die Dienstmädchen gehören heute zur Familie. Findest du nicht auch? Sie gehören mit an den Tisch."
Das Telefongespräch geht weiter. Ich höre nicht mehr zu, schließe vielmehr die Türe und führe auf meinem Schemel ein Gespräch mit mir selber.
„Warum verklagt meine Mutter schon wieder ihre Mutter bei der Schwiegermutter? Großmutter Kutter weiß ja überhaupt nicht, wie es zu und her geht am Bungert. Aber ich weiß es. Die Angestellten leben dort unter sich, tagsüber in der großen hellen Küche und abends im Nähzimmer. Sie sind eine eigene kleine Familie, müssen

sich nicht dauernd der Herrschaft anpassen. Ich bin gerne bei Lotte und Therese in der Küche. Sie essen zusammen und haben es gemütlicher als die Großeltern im Eßzimmer. Der Chauffeur ißt auch mit und alle drei Wochen kommt Frau Rauscher, die Waschfrau. Sie erzählt und lacht viel und hin und wieder lacht dann auch meine Großmutter. Das Vornehmtun bei ihr, das ist so, ich weiß gar nicht, - manchmal wie angeklebt oder wie ein Spiel."
Mein Selbstgespräch und das Telefongespräch meiner Mutter sind nun zu Ende. Mutter kommt in die Küche. Ich überlege, indem ich sie ansehe, ob es ein Vergnügen wäre, als Magd bei ihr am Pfarrhaustisch mitzuessen. Ich bin mir gar nicht so sicher. Vater und Mutter reden nämlich am liebsten unter sich und mit den Gästen. Es sind ja immer welche da. Wir Kinder sitzen mit der Magd unten am Tisch und sollten nur dann reden, wenn wir gefragt werden.
„Ürsel!" Ach, würde sie doch endlich „Ursula" zu mir sagen!
„Ürsel!"
„Ja."
„Du solltest den Tisch decken. Du mußt ihn ausziehen. Die Gemeindeschwester kommt zum Essen. Sie sitzt links oben bei Vater. Lege eine frische Serviette hin für sie und unten am Tisch braucht es eine Serviette samt Serviettentäschchen für Rosa, unsere neue Magd. Ich gehe sie jetzt abholen am Bahnhof. In einer halben Stunde bin ich wieder da. Die Suppe kann leise vor sich hin köcheln und der Auflauf wird fertig sein, wenn ich zurück bin"
Mutter zieht den schwarzen Sonntagsmantel an mit dem Pelzkragen. Ich schaue ihr durchs offene Küchenfenster nach. Sie geht die Treppe hoch zur Kirche, dann über den Kiesplatz und verschwindet hinter der leicht verschneiten Tanne. „Mutter ist vornehm geworden", denke ich. „In Beggingen trug sie nie einen Mantel mit Pelz."

Ich schließe das Fenster und begebe mich ins Eßzimmer. „Mühsam!" Ich reiße an der Tischplatte, zupfe das lange Tischtuch zurecht. In die Mitte des Tisches nun noch das gestärkte Deckelchen. Wozu das alles! Mutters Gabel im Besteckkorb suchen, Vaters Gabel, alle anderen Gabeln, Löffel, Messer. Jeder hat sein Besteck und alle diese Bestecke müssen auf den Silbermesserbänkchen liegen. Und jeder hat seinen eigenen Becher, seinen Serviettenring, sein Täschchen oder seinen Eßlatz!" Leg dä Hängel a!" Ich mußte ihn viel zu lange tragen, habe ihn gehaßt und mich mit ihm geschämt vor all den Leuten. Ein Eßlatz:
So etwas Kindisches, zutiefst Erniedrigendes gibt es bei meiner Großmutter in Zürich nicht. Dort werde ich ernst genommen und wie eine Erwachsene behandelt. Ein wunderbares Gefühl. Mich packt eine maßlose Wut bei dieser Tischdeckerei. Und wieder rede ich mit mir selber:
„Wenn ich groß bin, schaff ich das alles ab, diesen ganzen Bürgerkram. Mutter macht es doch nicht besser als ihre Mutter. Bei mir wird es sein wie bei den Bauern. In meiner Stube wird es einen großen runden Holztisch geben und nur einen Teller für jede Person, einfaches Besteck und das Essen direkt aus der Pfanne. Aufräumen mit alten Zöpfen! Nicht so sein wie die Eltern. Einen Bauern heiraten. Nur ja keinen Pfarrer!"
Ich überlege mir zwar, ob es zu mir passen würde, Bäuerin zu werden. Mit Hans zusammen, denke ich, wäre das kein Problem. Ein anderer Mann käme schon gar nicht in Frage! Das Haus, in dem wir wohnen würden, hab ich mir bereits ausgesucht. Ein kleines Beggingerhaus mitten in Wiesen! Es steht leer, es wartet auf mich. - Wir werden Kinder haben und Tiere. - Tiere. - Mein Gott, ich hab ja Angst vor Kühen, Pferden, Hunden. Und Hans? Er wünscht sich auch nicht unbedingt einen Stall voller Kühe. Er geht lieber im sauberen Hemd mit Krawatte an seinen Arbeitsplatz nach Schaffhausen. Er will Bankier werden. Will er das wirklich? Ach, ich werde

ihn vielleicht umstimmen können. Wir zwei, wir gehören doch zusammen und gehören zum Dorf, in dem wir schon als Kinder miteinander gespielt haben. Keine Macht der Welt kann uns trennen und das einfache Leben, das entspricht uns doch. . . . . Oder?

Rosa

Ich bin also wieder einmal daran, mir mein zukünftiges Glück zurecht zu zimmern. Über Jahre hinaus wird das Bild der Bauernfamilie mein Traum bleiben. Sehr wahrscheinlich suche ich einen inneren Ort der Sicherheit, denn die Auseinandersetzung mit all den „Müttern", die mein Leben beeinflussen, scheint mir oft anstrengend. Ich muß vergleichen und überlegen: „Wer macht es richtig? Meine Mutter, meine Großmutter Lydia, meine Großmutter Hanna, die Mütter meiner Cousinen, die Mütter meiner Freundinnen?" Und nun kommt Rosa. Etwas Neues beginnt. Plötzlich steht sie da. Mit ihr tritt eine Frau in mein Leben, die ich voll akzeptieren kann. Ich muß nichts hinterfragen. Ich habe sie ganz einfach gern. Sie kommt auf mich zu, fragt nach meinem Namen, gibt mir die Hand und lacht mich an.
RL: Rosa Lipp hieß unsere erste Rosa. Die Trennung von ihr war schmerzlich. Als wir aus Beggingen wegzogen, ging sie in ein Altersheim. Meine Mutter hat sie ab und zu besucht. Ich hatte den Kontakt zu ihr verloren.
RL: Rosa Lori ist unsere zweite, diesmal eine junge Rosa. Sie sieht aus wie eine Spanierin: dunkles Haar, weiche Gesichtszüge, einen etwas schweren Körper, braune Arme und breite schöne Hände.
Ich rufe nun mit der Eßglocke die ganze Familie zusammen und setze mich gleich neben Rosa. Damit gebe ich meinen Geschwistern zu verstehen, daß Rosa in erster Linie für mich da ist und es bleibt tatsächlich so, ein ganzes Leben lang, bis wir uns von Rosa trennen müssen.
Mein Vater, kaum hat er das Tischgebet gesprochen und Rosa ein paar Löffel Suppe gegessen, möchte genau wissen, wie es in ihrer Heimatstadt Vaihingen-Enz aussieht. „Laß sie doch essen", sagt Mutter.
„Also morn denn", Vater nickt ihr über die ganze Tischlänge hinweg zu und spricht dann mit der Gemein-

deschwester Margrit Van Vloten. Sie ist Holländerin. Das macht sie für mich besonders interessant. Ich registriere, daß Vater schöne Frauen respektvoll behandelt. Warum legt er einen anderen Maßstab an bei seinen Töchtern? Wir sind doch auch ernstzunehmende Frauen!
Nach dem Essen sagt Mutter: „Du könntest Rosa das Haus zeigen. Willst du?"
Das mache ich gern. Rosa kommt aus dem Staunen nicht heraus. Ich kann es gut verstehen. So ging es mir anfänglich nach Beggingen auch. Wir beginnen die Besichtigung unten im Keller. Ich zeige Rosa, wo die Apfelhürden, Gartengeräte, Blumenkisten, die Steinguttöpfe mit den eingemachten Eiern sind und wo die Süßmostflaschen stehen. Sie will die Waschküche sehen. Im dunklen Kohlenkeller sage ich ihr, daß nicht wir den großen Zentralheizungsofen heizen müssen, daß es Herr Germann tut, der Kirchensiegrist. „Weißt du, Rosa, er räumt sogar den Schnee weg um unser Haus und um die Kirche. Es hat wahnsinnig viel geschneit im Winter." - Ich führe Rosa durch Vaters Amtsräume, auf die er besonders stolz ist: Studier-, Warte- und Unterrichtszimmer. „Das alles putzt Herr Germann und das WC noch dazu" - Rosa ist beeindruckt. Ich war es auch, als ich zum ersten Mal einen putzenden Mann sah, der mir sogar freundlich begegnet, ab und zu einen Spaß und seine Arbeit sehr perfekt macht.
Nun gehen wir die Treppe hoch. In Küche und Speisezimmer sieht sich Rosa genauestens um. Vor dem elektrischen Herd bleibt sie lange stehen.
„Ob ich des kann?" - Sie schüttelt den Kopf.
„Es ist ganz einfach, Rosa. Du drehst einen Schalter an, dann wird die Platte heiß. Mutter hat es auch gelernt. In Beggingen haben wir mit Holz gekocht. Rosa, komm, jetzt zeige ich dir das Schönste im ganzen Haus: unseren Balkon" Er hat für mich eine große Faszination, obschon die Eltern immer sagen, er wäre eng und viel zu klein. Ich öffne die beiden Glastüren und schon stehen wir draußen im Wind.

„Siehst du dort, den weißen Berg? Das ist der Säntis."
Rosa sagt kein Wort. Auch die vorbeifahrenden Züge hoch oben in der Landschaft scheinen sie nicht zu beeindrucken. Sie schaut in den Garten hinunter und will wissen, ob wir die Wäsche unten auf dem Kiesplatz zum Trocknen aufhängen. Ob das Wäscheseil an den Hacken der Teppichstangen festgemacht wird. Ihre Gedanken kreisen um ihre künftige Arbeit. Alles andere kann warten.
Meine Mutter ruft.
„Wir sind auf dem Balkon, ich zeige Rosa die Aussicht."
„Ausgerechnet jetzt, bei der Kälte! Rosa, möchtest du nicht lieber dein Zimmer sehen?"
Mutter führt sie nach oben in den zweiten Stock. Ich gehe mit, denn ich muß wissen, wie Rosa auf das kleinste Zimmer des Hauses reagiert. Ich hätte es so gerne für mich selber gehabt und habe es schon Turmzimmer getauft. - Mir gefällt die Tapete mit den blauen Kornblümchen, die hell aufleuchten, wenn abends die Sonne ins Zimmer scheint. Aus dem Fenster kann Rosa den efeuumrankten Kirchturm sehen. Fünf Glockenschläge donnern jetzt durchs Haus. Rosa erschrickt. „So laut", sagt sie, hält sich beide Ohren zu, setzt sich auf die Bettkante und fängt plötzlich an zu weinen. Mutter schickt mich weg. „Mach der Rosa en Tee!"
Das werde ich von nun an öfters tun, denn Rosa ist ab und zu krank. Mutter sagt, es komme von der Mangelernährung. Rosas Eltern sind gestorben. - Leider weiß ich nicht, wie Rosa aufgewachsen ist oder habe es ganz einfach vergessen. Irgend ein Geheimnis ist um Rosa. „Sie hat spanisches Blut", höre ich meine Eltern sagen. Das Dunkle, Starke in ihr, ist das spanisch? Ihre Temperamentsausbrüche und ihr herzliches Lachen? Nein, das Lachen und ihr Kochtalent, das sei natürlich schwäbisch, sagt Mutter. „Ei freili, freili!"
Rosa hat den ersten Tag im Pfarrhaus Kutter überstanden. Sie legt sich in ihr frisch bezogenes Bett. Abendschein im Turmzimmer. Lindentee auf dem Nachttisch.

Schlaf gut, Rosa. Du wirst meine Begleiterin sein in die Pubertätsjahre hinein. Ich werde oft bei dir in der Küche hocken an Samstagabenden, nach der Pfadi, Rührei und Brot essen, mit dir reden, müde und ganz einfach froh sein, daß es dich gibt. Und du, was erlebst du in der Schweiz, bei uns in Bruggen und jeweils in Vaihingen, wenn du deine Verwandten besuchst in der anbrechenden Nazizeit?

Ammenmärchen

Undenkbar, daß ich in der Osterzeit jemals an Hasengeschichten geglaubt hätte. In Beggingen hatten wir Hühner. Ich wußte doch, woher die Eier kommen und ich wußte genau, daß ein Hase nicht malen kann. Mein Vater erzählte die Ostergeschichte so, wie sie in der Bibel steht.
Dem „Samichlaus" trauten wir auch nicht über den Weg. In Beggingen habe ich nie einen gesehen. Was hat er in einem armen Dorf zu verrichten? Es gab ein Bild von ihm in unserem Lesebuch. Als er dann in Bruggen zum ersten Mal ins Pfarrhaus kam, rief mein kleiner Bruder: „Das isch ja nu de Herr Germann!" - Mir hielt dieser verkleidete Mann, unser Kirchensiegrist, eine von den Eltern diktierte Moralpredigt. Ihm und mir war das peinlich. Ich war zutiefst ernüchtert und froh, daß er so nie mehr auftrat.
Vom Christkind war in Beggingen nie die Rede gewesen. In Bruggen aber wollen ein paar Mädchen aus meiner Klasse gesehen haben, wie es in der Weihnachtszeit zum Fenster flog und die Wunschzettel abholte, die auf dem Fenstersims bereit lagen. Zu den armen Kindern, das fällt mir schon in der dritten Klasse auf, kommt das Christkind nicht. Und der Storch? Was ist mit ihm?
„Er beißt die Mutter ins Bein und sie kriegt dann ein Kind", behauptet Frieda, die Bäckerstochter.
„Ursel, es gibt auch Störche, die holen Kinder aus dem Fröschenweiher."
„Quatsch, ich habe in Bruggen noch nie einen Storch mit einem Kind gesehen."
Leise und geheimnisvoll sagt Frieda: „Dann komm einmal mit mir, nachts, wenn der Mond scheint."
„Zum Fröschenweiher?"
„Ja. Dort unten liegen im Schlamm die Kinder, die er den Müttern bringt."
„Du lügst!" sage ich. „Bisch e Blödi!"

Wir gebrauchen diesen Ausdruck viel. Er drückt eigene Hilflosigkeit aus. Ich tappe ja auch halbwegs im dunkeln Schlamm der Ungewißheit, muß mir selber einen Weg bahnen durch das Rätsel Menschwerdung. Schade, haben frühere Eltern einen Eiertanz gemacht um Geburt und Sexualität.
In Beggingen hatte ich Mutters Schwangerschaften nicht realisiert. Plötzlich waren einfach Kinder da, Geschwister. Sie wurden in Mutters Bett geboren, das wußte ich. Daß sie aber in Mutters Bauch gewohnt hatten, wurde mir nicht gesagt und wie sie da hinein und wieder ans Tageslicht gekommen waren, schon gar nicht
Sexualität läßt sich unterdrücken, verheimlichen, verstecken. Fruchtbarkeit hingegen ist in einem Bauerndorf allgegenwärtig. In jedem Beggingerhaus gibt es Katzen, die ihre Jungen zur Welt bringen und säugen. Dasselbe passiert im Ziegen-, Kuh- und im Schweinestall. Beggingerkinder sind bei etwelchen Geburten dabei. Sie sehen nicht nur junge Kälbchen, sie sehen bestimmt auch Kinder zur Welt kommen in den Schlafkammern ihrer Eltern.
In Bruggen ist das alles ganz anders. Hier wohnt eine Arbeiterbevölkerung. Es werden keine Kühe zum Brunnen getrieben. Die Straßen sind asphaltiert, gehören nicht den Tieren, den Kindern, den von Pferden gezogenen Heuwagen und Holzfuhren. Die Leute können nicht mitten auf der Straße zusammenstehen und schwatzen. - Asphalt hat seine eigenen Gesetze, deckt die Erde zu, gibt der Geschwindigkeit den Vortritt, dem Tram, den Autos. Asphalt schließt hermetisch ab, versperrt den Zugang zur Erde. Ich gehe nicht mehr barfuß zur Schule, verliere den Kontakt zum Boden. Erst später werde ich ihn wieder finden.
Ohne die Gefühle ordnen und beim Namen nennen zu können, spüre ich den Unterschied zwischen dem Asphaltdorf und dem der Fruchtbarkeit.
Hier in Bruggen können Ammenmärchen gedeihen, die es in Beggingen nicht gab, weil die Fruchtbarkeit offen

dalag, sich jeder von ihr sein Bild machen konnte. In Beggingen hätte ich in meinen Pubertätsjahren andere Erfahrungen gemacht als hier in Bruggen.
Warum helfen mir die erwachsenen Frauen nicht? Wenn ich sie etwas frage, was mir wichtig erscheint und was auch wichtig ist für mein momentanes und für mein späteres Frauenleben, tun sie, als würden sie mich nicht verstehen und reden einfach von etwas anderem. Sogar Rosa. Und sie war doch meine Hoffnung!
Alle drei Wochen wird bei uns gewaschen. Sonntagabend weichen meine Mutter und Rosa die Wäsche ein. Warum verirre ich mich eines Sonntagabends in die Waschküche? Ich will endlich wissen, was die blutverschmierten, in kaltes Wasser eingelegten Stoffstücke für eine Bedeutung haben. „Was isch das?" Keine der Frauen gibt Auskunft. „Gang jetzt", sagt Mutter. Ich rühre mich nicht von der Stelle. Sie erklärt mir schlußendlich in ziemlich mürrischem Ton, es wären Bauchbinden. Mutter hat nicht den Mut zu sagen, daß jede Frau jeden Monat ihre Blutung und somit Bauchschmerzen bekommt. Bauchbinden! Wie soll ich ihr glauben? Sie müßten ja viel länger sein. Hält sie mich für so dumm? Ich muß bei den Gleichaltrigen Rat suchen und das mache ich nun gründlich. Schon am Montagmorgen frage ich Frieda in der Pause: „Glaubst du immer noch an den Storch?"
„Nein", sagt sie ganz stolz. „Mein Bruder hat mich aufgeklärt. Es hat alles mit dem Küssen zu tun. Feuchte Küsse, weißt du. Du darfst dich von einem Mann nicht auf den Mund küssen lassen, sonst kriegst du vielleicht ein Kind."
Ich schaue mich um, bevor ich weiter frage. Doch im Grunde weiß ich nicht, was ich fragen soll. Adele bleibt stehen. „Händ er es Gheimnis?"
Unser kleiner Flüsterkreis vergrößert sich. Es kommen noch andere Mädchen dazu, unter ihnen meine Schwester Mädi. Sie ist ein Jahr jünger als ich, doch wir sind am selben Thema interessiert.

Mädi hat mehr Informationsquellen, eine bessere Spürnase und sie ist wahrscheinlich auf eine gute Art neugieriger als ich.
Eines Tages, wir kommen von der Schule und überqueren gerade den Kirchplatz, rückt sie mit einer unglaublichen Neuigkeit heraus: „Soll ich dir etwas sagen?"
„Ja."
„Vater und Mutter haben es miteinander gemacht. Mutter kriegt ein Kind."
„Was gemacht?"
Sie schildert mir in der Gassensprache, so, wie sie es eben gehört hat, den ganzen Vorgang des „Miteinander-Schlafens." Ich kann und will es vorerst nicht glauben. „Bisch e Blödi! Das machen unsere Eltern nicht. Und Mutter kriegt kein Kind."
Mit stoischer Ruhe sagt Mädi: „Sie wird aber immer dicker."
Ich höre, daß jemand im Pfarrhaus die Eßglocke läutet. Rosa öffnet das Küchenfenster, sieht uns und ruft zum Essen.
Während der Mahlzeit betrachte ich meine Mutter, als würde ich sie zum ersten Mal sehen. Hat sie sich verändert?
Sie muß gespürt haben, daß mich ihr Zustand beschäftigt, denn abends setzt sie sich zu uns in die Mädchenkammer. Wir schlafen alle im selben Zimmer in drei weißgestrichenen Holzbetten. Mutter setzt sich in den Stuhl am Fenster. Ich sehe, daß sie müde ist. Sie arbeitet viel und sie hat Sorgen. Ihre jüngere Schwester Alice in Zürich ist an einer Tuberkulose schwer erkrankt. Die Sorgen meiner Mutter, die Sorgen meiner Großmutter drücken auch mich.
Ich habe plötzlich das Gefühl, daß auch auf mir viel lastet.
Mutter bittet uns, ihr in nächster Zeit mehr Hausarbeit abzunehmen, als wir es bisher getan hätten. „Du, Ürsel, bist die älteste, du müßtest doch sehen, was es alles zu tun gibt. Ich erwarte nämlich ein Kind."

Sie erwähnt das Kind so nebenbei und spricht wieder von unerledigter Arbeit.
„Sie freut sich ja gar nicht über ihr Kind", denke ich. „Soll ich jetzt fragen, wie es, ja, - wie es gemacht wurde? Es wäre doch der richtige Moment." Es war der falsche Moment und es hat nie den richtigen Moment gegeben. Sie geht nicht auf meine Fragen ein. Mühsam erhebt sie sich und sagt unter der Türe: „Wie das Kind entstanden ist, bleibt ein Geheimnis zwischen eurem Vater und mir."
Traurig, enttäuscht, aber auch wütend verkrieche ich mich in meine Bettdecke. „Ich weiß ja schon alles", denke ich.

Im Schatten der dreißiger Jahre

Die Arbeitslosigkeit breitet sich aus in der Schweiz. Sie ist ein Kennzeichen der beginnenden dreißiger Jahre. Bei uns im Kanton St. Gallen ist es vor allem die Stickereikrise, aus der die Leute keinen Ausweg sehen. Meine Eltern fühlen sich verpflichtet, Abhilfe zu schaffen, so gut sie es eben können. Mein Vater gründet, zusammen mit seinem Amtsbruder Samuel Dieterle aus der Nachbargemeinde Lachen, drei Schreinerwerkstätten. Unter Anleitung eines Schreiners können Arbeitslose hier Möbel anfertigen für den Eigenbedarf und zum Verkauf. Vater leistet die Propagandaarbeit. Er macht die Werkstätten überall bekannt. Sie haben in kurzer Zeit und weit herum einen guten Ruf. Es kommen jedenfalls genügend Aufträge herein.
In vielen Familien verdient die Frau das Geld und der Mann führt den Haushalt. Rollentausch. Doch weil es eine Notlösung ist, vielleicht sogar als Schande angesehen wird, spricht in der Öffentlichkeit niemand davon, nicht so wie heute.
Vater besucht seine Gemeinde regelmäßig, somit weiß er, wie es den Leuten geht. Er bewundert die Hausmänner. Er sagt, sie könnten ebensogut haushalten wie die Frauen. Männer kochen, waschen, versorgen die Kinder, spülen das Geschirr, schruppen die Böden. Etliche können sogar stricken und die Frauen sitzen bis in die Nacht hinein an den Nähmaschinen. Sie kommen jede Woche ins Pfarrhaus und holen Heimarbeit, das heißt zugeschnittenen Stoff, den sie dann verarbeiten. Die fertigen Produkte: Schürzen, Nachthemden, Männerhemden, einfache Kinderkleider, Bettwäsche verkauft der Bruggener-Frauenverein an seinen Herbstbazaren. Meine Mutter ist eine unbezahlte, berufstätige Frau. Sie hat diese Arbeitsstelle ins Leben gerufen, weil es bittere Notwendigkeit ist. Ich sehe sie noch im kleinen Wartezimmer stehen, eine große Schere in der Hand, das Zentime-

terband um den Hals. Auf dem Tisch weiße und gemusterte Stoffballen. Mutter schneidet hinein, mißt ab, verteilt die Ware, bezahlt, was abgeliefert wird, erklärt, was weiter getan werden muß. Der Geruch von Stoff mischt sich mit dem Geruch der Frauen. Sie sitzen da, reden nicht viel, als müßten sie Rücksicht nehmen auf den schreibenden Pfarrer nebenan im Studierzimmer. Doch die Atmosphäre ist nicht gedrückt. Mutter und Hedwig Eberle, die sich mit ihr in die Arbeit teilt, damit sie nicht zum unüberwindlichen Berg heranwächst, strahlen eine gewisse Zuversicht aus, als wollten sie sagen: Wir bekämpfen mit euch den hartnäckigen Feind „Armut".
Von dieser Zuversicht, dieser Frauenstärke will ich mir auch ab und zu ein Stück abschneiden und bin deshalb immer wieder im Wartezimmer, das längst zum Frauenzimmer geworden ist.
Ich kann hier oft besser atmen als oben in der Pfarrwohnung. Dort hängen Vaters, Mutters private Sorgen in der Luft, sogar die Sorgen der Großeltern. Großvater Kutter ist ein einsamer Mann geworden. Er fühlt sich allein gelassen mit seinen Büchern, abgelehnt von seinen jungen Freunden Karl Barth und Eduard Thurneysen. Sie üben totale Kritik am Bisherigen, schreiben selber Bücher, definieren Gott neu, auf ihre Art. Der nie enden wollende Streit um Gott!
Ich leide unter den Machtkämpfen der Theologen. Sie dringen bis in die Pfarrhausstuben, säen Mißtrauen, oft sogar Haß.
Heute führen wir ökologische Kriege gegeneinander, manchmal auch in den eigenen Familien.
Ich höre meinen Großvater nie mehr Geige spielen. Er ist nicht mehr der Alte. Etwas ist in ihm gebrochen und verstummt. Eines Tages wird er sagen: „Redet mir nie mehr von Gott!"
Auch meinen Vater erlebe ich oft gedrückt. Sind es die Glaubenskämpfe, die ihm zusetzen? Positives gegen freisinniges Christentum? Karl Barth gegen Emil Brun-

ner, die Anhänger des Einen gegen die Anhänger des Andern? Ist es die Schwangerschaft seiner Frau? Sie ist immerhin 43 Jahre alt und hat viele Beschwerden.
Doch letztendlich, dessen bin ich mir bewußt, ist es der Tod, der seine Schatten voraus wirft. Alice, Mutters jüngste Schwester stirbt an ihrer Tuberkulose. Großvater Kutter liegt in einer St. Galler-Klinik und nimmt Abschied vom Leben.
Die Erinnerung an einen trüben Winterabend im Dezember '31 taucht in mir auf. Es ist Sonntag. Wir sitzen alle im Eßzimmer um den Schiefertisch. Vater will vorlesen, Gotthelf oder Tavel. Mit meinen zwölf Jahren bin ich weder vom einen, noch vom anderen Schriftsteller begeistert. So kommt mir die Frage meines vierjährigen Bruders gelegen: „Papa, isch de Spinat evangelisch oder katholisch?"- Mein Vater ist kein Katholiken-Fresser, diese Frage findet er lustig. Doch diesmal gibt er nur eine kurze Erklärung ab, denn er ist nicht gerne unterbrochen beim Vorlesen. Das macht er ja hauptsächlich zu seinem eigenen Vergnügen. Lucie hört nicht so recht zu. Bei langen Gotthelfpredigten nickt sie ein. Vater müßte die Predigten weglassen. Das tut er aber nicht.
Jedenfalls sorgt Lucie für eine Störung. Sie steht auf und holt eine Kreide. Vater klappt das Buch zu. „Was machst du, Lucie?"
Mutter schreibt in die Mitte des Schiefertisches den Namen „Gregor".
„Ich suche einen passenden Namen für unser fünftes Kind", sagt sie. „Unser Kind!" - Wir dürfen auch Namen schreiben, solche, die uns gefallen. Ich weiß nicht mehr, was ich geschrieben habe. Doch ich sehe Mutter vor mir, wie sie den Namen „Gregor", den Namen ihres Bruders dick unterstreicht. Und ich höre meinen Vater ängstlich fragen: „Muß es ausgerechnet dieser Name sein? Ist er nicht zu schwer befrachtet? Und bist du denn so sicher, daß wir einen Buben haben werden?"
„Ja", sagt Mutter. Sie wischt mit einem nassen Schwamm sämtliche Namen aus, die wir geschrieben

haben. Den Namen „Gregor" läßt sie stehen. Mein Vater wagt noch zu sagen, er fände es unvorsichtig, das Schicksal direkt herauszufordern. Mutters Antwort: „Ich denke, du glaubst an Gott, nicht an ein blindes Schicksal."

Es ist merkwürdig still in der Stube, als würden wir uns alle, obschon wir noch Kinder sind, mit Schicksalsfragen beschäftigen. Ich wünsche mir aus vollstem Herzen eine kleine Schwester und taufe sie in Gedanken Hanna. Vielleicht will ich damit meine Großmutter trösten, die nun ihre jüngste Tochter verloren hat. Dieser Alice-Tod ging so schnell, so still über die Bühne.

Mit dem Namen „Hanna" anstelle von „Gregor" würde alles gut gehen, denke ich. Ich will „unser" ungeborenes Kind schützen vor Wiederholungen. Es soll keinen Verkehrstod erleiden wie der ertrunkene Onkel. Nein, nur das nicht! Mit dem feuchten Schwamm, der noch auf dem Tisch liegt, wische ich den Namen Gregor aus und das Familienspiel hat ein Ende.

Das Farbenspiel

Am 19. März 1931 kommt er zur Welt, "unser" Gregor. Und am 22. März 1931 stirbt Hermann Kutter, unser Großvater. Kurz vor seinem Tod sagt er zu Lucie: "Ich bin ein Glückspilz, daß ich die Geburt deines Sohnes noch erleben darf. "Über Gott, ja über Gott spricht er nicht mehr.
Meine Mutter verliert in Hermann Kutter einen Vater, den sie sich selber ausgesucht und der ihrem Leben eine Wende gegeben hat.
Ich erlebe beim Tod meines Großvaters zum ersten Mal, wie sehr Leben und Sterben, Freud und Leid ineinander fließen. Der tote Hermann Kutter wird nicht, wie es heute in protestantischen Familien üblich ist, möglichst schnell weggeschafft. Nein, er liegt in unserem Haus aufgebahrt im Unterrichtszimmer, dort, wo Vater Konfirmandenstunden gibt. Wir haben Zutritt zum toten Großvater. Ich besuche ihn, betrachte lange sein stilles Gesicht, rede mit ihm, aber immer in einer Distanz. Meine Schwester Vroni, drei Jahre jünger als ich, geht ganz nahe an den Sarg heran und berührt ihren Großvater. Es kommen auch Leute aus dem Dorf und Leute von auswärts. Meine Mutter und Rosa haben viel zu tun. Wir Töchter helfen mit, backen Kuchen, Guzis, pflücken im Wald ganze Büschel von Anemonen, Veilchen und dunkelgelben Schlüsselblumen. Alles für Großvater! In meiner Erinnerung hatte der Beerdigungstag etwas Festliches. Eine fröhliche Beerdigung, wie es sich Hermann Kutter gewünscht und vorgestellt hat.
In der Kirche sitze ich neben meiner Großmutter Lydia Kutter. Sie nimmt meine Hand in die ihre und drückt sie von Zeit zu Zeit ganz fest, immer dann, wenn Pfarrer Dieterle in seiner Predigt aufzählt, was Hermann Kutter zu Lebzeiten besonders geliebt hat: Bäume, Tiere, Bäche, Berge, Gewitter, das Meer. Mit einem Wort: Die Natur. Meine Großmutter sitzt nicht wie eine gebeugte

Frau da, aber sie weint. Während der ganzen Predigt weint sie, wie ich noch nie und nie mehr einen alten Menschen habe weinen sehen. Ihre Tränen tropfen auf meine Hände.

Die Kirche ist bis zum letzten Platz gefüllt mit schwarz gekleideten Menschen. Stehend singen sie zum Schluß Großvaters Lieblingslied: „Die güldne Sonne." Ich unterstütze mit meiner jungen Stimme die brüchig gewordene Stimme meiner Großmutter. Dann begleite ich sie hinüber ins Pfarrhaus. Im Eßzimmer ist der Tisch gedeckt für die vielen Gäste. Bald füllen sie die Stube. Eine schwarze Schar fröhlicher Leute. Der jüngste in der Runde ist mein Bruder Gregor. Er liegt im Stubenwagen. Großmutter beugt sich über ihn und sagt, indem sie ihn und dann meine Mutter anschaut: „Ja, so ist halt das Leben: Die Wiege und der Sarg sind nahe beieinander."

Ich erinnere mich an einem Traum aus dieser Zeit. In ihm verwandle ich mich in eine Fee und verzaubere meinen Bruder in ein Glückskind, dem nie etwas Dunkles, Böses zustoßen wird. Wunschträume! Das Gregorschicksal wird tatsächlich zuschlagen.

Doch vorerst ist meinem kleinen Bruder ein anderes Schicksal beschieden, nämlich das einer behüteten Kindheit. Schwester Emma aus Beggingen übernimmt seine Pflege. Sie umsorgt ihn ohne jeglichen Besitzanspruch. Sie weiß: Es ist nicht ihr Kind, aber sie liebt dieses Kind und sie hat auch uns, die großen Kinder gern.

In den dreißiger, - auch noch in den vierziger Jahren ist es üblich, daß Frauen aus dem Bürgertum Pflegerinnen anstellen für ihre Neugeborenen. Es hat wohl mit Prestige zu tun. Wie auch immer: Schwester Emma bleibt ein ganzes Jahr bei uns. Mutter nimmt ihre Arbeit im Wartezimmer wieder auf. Die Bereiche der drei Frauen Lucie, Emma, Rosa sind teils getrennt, teils gehen sie ineinander über. Den kleinen Gregor sehe ich meistens in Emmas Armen, auf ihrem Schoß, selten bei Mutter. Es stört mich aber nicht. Es ist nun einmal so und Mutter fühlt sich entlastet.

Rosa ist zuständig für die Küche. So und so oft sind auch Emma und Mutter dort anzutreffen, denn Lucie kocht gerne und Emma ist eine wahre Pionierin auf dem Gebiet moderner Ernährung. In unserer Küche werden Gespräche geführt über Bircherkost, Birchersanatorien, Naturheilmethoden und darüber, wie sehr Erkrankung zusammenhängt mit falschen Lebens- und Eßgewohnheiten. Auch Rosa profitiert von diesem neuen Gedankengut. Sie wird nie mehr zurückkehren zu einer fetten Bauernkost.
Die kleine zarte Emma, sie krempelt tatsächlich Vieles um bei uns. Wir müssen nun Kräutertee trinken, Birchermus, selbstgemachten Joghurt, Salat an Stelle von Suppe essen. Vorbei die seligen Zeiten, in denen es Schoggiauflauf, Grießpudding mit Vanillesauce, Ofenküchlein, garniert mit geschwungener „Nidle" gab? - Nein! Ganz leise schleichen sich zum Hintertürlein die lieben süßen Gewohnheiten wieder ein.
Am liebsten höre ich mir Dorfgeschichten an, die sich Rosa und Emma abends nach getaner Arbeit erzählen. Geschichten aus Vaihingen im schwäbischen, Geschichten aus Beggingen im Schaffhauserdialekt. Zwei verschiedene Klangfarben und doch so verwandt.
An Rosas Geschichten erinnere ich mich heute nicht mehr. Sie sind verblaßt. Emmas Geschichten, so scheint es mir, hatten tiefe Wurzeln, Kindheitswurzeln. - Wenn sie von ihrem Vater erzählt und das macht sie am liebsten, ist es, als käme Urgestein ans Licht. Ihre Liebe zu Pflanzen und Tieren hat mit diesem Vater zu tun. Sie fühlt sich auf eine Art mit ihm verbunden, die mir fremd ist, mich aber fasziniert. Ich bin eine widerspenstige Tochter. Sie ließ sich von ihrem Vater an der Hand nehmen, das heißt: Alles, was er ihr gezeigt und erklärt hat, Pflanzenheilkunde, sorgfältiger Umgang mit Lebewesen
hat die kleine Emma in sich aufbewahrt. - So verschieden können Väter und Töchter sein!

Emma zitiert von Zeit zu Zeit einen Spruch, den sie von ihrem Vater übernommen hat: „Gott bringt aus aller Erde Heilpflanzen hervor und wer vernünftig ist, verschmäht sie nicht." - Dies ist sozusagen Emmas Lebensleitsatz. Sie ist eine Frau, die keine Angst vor dem Leben, auch keine Angst vor Krankheit und Sterben hat. Als Tochter eines Kleinbauern, der im Nebenberuf Totengräber ist, hat sie sich an den Friedhof gewöhnt. Dort hat sie ihre ersten Kinderspiele gespielt. Ich kann mit Emma über den Tod meines Großvaters reden. Es beschäftigt mich, daß er weit über dem Dorf auf dem Bruggener Kirchhof liegt. Seinen Grabspruch: „Der Tod ist verschlungen in den Sieg" hab ich nicht gern, finde ich nicht passend für ihn. „Sieg und Schlacht" gehört für mich zusammen und was hat Großvater damit zu tun?
Wie ich dann einmal mit Großmutter an Großvaters Grab stehe, will ich von ihr wissen, wie sie den Spruch fände. Sie gibt mir keine Antwort. Sie stellt mir eine Gegenfrage. „Was würdest du dem Großvater auf sein Holzkreuz schreiben?"
„Ich?"- „Das Leben ist ein Farbenspiel."
Meine Großmutter umarmt mich ganz spontan. Ich werde sie nie vergessen, diese Umarmung auf dem Friedhof. Großmutter weint zwar, aber sie ist fröhlich. „Du hast recht, Kind", sagt sie, „für Hermann Kutter war das Leben ein Farbenspiel."
Ein paar Wochen später schenkt sie mir ein selbst geschriebenes kleines Theaterstück und ich führe es mit meinen Kameradinnen in der Schule auf: „Das Farbenspiel!"

„Es git es schöns Älpli"

Wenn ich über „Alltag" schreibe, sage ich es mit Vorbehalt. Ich komme aus einem bürgerlichen Haus. Viele Bruggener würden sagen: „Ja, die hat gut reden. Sie weiß nicht, wie grau unser Alltag ist, wie schmal wir durchmüssen."
Ich gebe zu, ich muß nicht schmal durch: Mein Alltag ist nicht grau, kein langweiliger Trott durch die Zeit. Mein Alltag gefällt mir und in erster Linie ist er verläßlich. Wiederholungen sind mir lieb. Es wiederholen sich langweilige und angenehme Dinge. Alle Tage bäckt Friedas Vater frisches Brot. Alle Tage kommt der Briefträger und bringt auch mir ab und zu einen Brief. Jeden Tag ist irgend ein Wetter. Einmal scheint die Sonne, dann wieder nicht. Jeden Tag schlägt die Turmuhr ihre Stunden bis tief ins Pfarrhaus hinein. Alle Tage mache ich Aufgaben, übe Klavier, decke den Tisch, trockne das Geschirr ab, bade den kleinen Bruder, bringe ihn zu Bett, erzähle ihm Geschichten. Jeden Tag renne ich zur selben Zeit den Berg hoch zum Bahnhof und setze mich, meistens außer Atem, neben Anneliese, meine Bruggener-Freundin. Eine alltägliche Begegnung, auf die ich mich täglich freue. Wir fahren beide nach St. Gallen. Gemeinsame Primarschuljahre liegen hinter uns und nun besuche ich die Sekundarschule, Anneliese das Gymnasium in der Stadt.
Anneliese ist blond, groß, freundlich. Ich bin klein, dunkel, manchmal trotzig und finster. Wir reden viel über unsere Freundschaft, über Liebe, auch über Gott. Wir singen zweistimmig Lieder miteinander und suchen jedes Jahr rund um den Gübsenweiher die ersten Frühlingsblumen. Wir sind ein ungleiches und ein unzertrennliches Paar, „bis daß der Tod uns scheidet." Er trennt uns viel zu früh. Ich hätte doch auch an Annelieses Hochzeit dabei sein mögen wie seinerzeit meine Großmutter Hanna bei ihrer Freundin Marie. Ich hätte mit Anneliese noch viel, viel Zeit verbringen wollen.

Mitten in meinen Schulalltag, mitten in meinen Schmerz um Anneliese, platzt zum Glück eine große Freude. Meine Eltern kaufen ein altes Bauernhaus aus Großvater Schellers Geld, wie sie sagen. Ich habe keine Ahnung, warum er seiner Tochter plötzlich so viel Geld schenkt. Er wird das Bergferienhaus in Wildhaus nie betreten, konsequenterweise nie!
Ich werde den Tag nicht vergessen, an dem ich das Haus zum ersten Mal sehe. Es ist Frühling, Osterzeit, Krokuszeit. Vater hat seine Predigten hinter sich. Am Osterdienstag, einem ganz gewöhnlichen Werktag, reisen wir ins Toggenburg. Die Eltern sind fröhlich wie schon lange nicht mehr, als würden Sorgen und Verpflichtungen von ihnen abfallen. Die Brüder müssen zu Hause bleiben. Fürs erste Mal reisen nur die Töchter mit: Ursula, Mädi, Vroni. In Nesslau wechseln wir vom Zug ins große gelbe Postauto mit seinem hellen Tu, tu, tuuu. Sensationell, die Fahrt in ein unbekanntes Bergtal! Mir ist, als würde ich in die Heidigeschichte fahren und sie selber erleben. Es fehlt nur der Alm-Öhi. Alles andere ist vorhanden: Das kleine Haus in einer Krokus übersäten Wiese. Neben dem Haus die Lärche, groß und stark, mit Wind in der Krone. In der Wiese weidende, vor sich hinglöckelnde Ziegen und Schafe. Dann der Blick ins Tal mit den verstreuten Häusern am gegenüberliegenden Südhang. Es geht die Sage um, ein Riese hätte sie im Gehen hingeworfen. Überwältigt von der Schönheit dieser Landschaft schicke ich meine Jauchzer zu den Bergen, zum Himmel und probiere das Echo aus. Ich rufe ins naheliegende „Wäldli" und meine Stimme hallt zurück. Ich ziehe die Schuhe aus, schicke meine Füße auf Wanderschaft. Sie rennen mit mir zum Bächlein, das durch die Wiese gluckst. Sie tappen durchs Haus über Schwellen und knarrende Holzböden. Es gibt viel zu entdecken: Nebst Küche, Stube, Schlafkammern den leeren Ziegen und Schweinestall, den mit Holz gefüllten Schopf und einen tiefen kühlen Keller. Mutter zündet Feuer an im Herd. „Wie z' Begginge", sagt sie. „Ürsel, hol mir

Wasser draußen am Brunnen. Wir müssen das Haus aus seinem Dornröschenschlaf aufwecken und zusammen kochen und essen heißt, ihm wieder Leben einhauchen.
Ich frage meine Mutter: „Hat hier niemand gewohnt?"
„Doch. Ich erzähle euch die Geschichte des Hauses beim Abendessen. Erst solltest du noch Milch holen."
Ich stapfe also mit meinem Milchkessel barfuß durch das nasse Gras hinauf zum Nachbarhaus. Dort wohnen die Föhringers. Ein Hund bellt mich an. Ich habe Angst. Doch ein Schiebfensterchen wird zur Seite getan und die alte Frau Föhringer, die Großmutter im Haus ruft: „er macht nüt!" - Ich gehe die Treppe hoch. Sie öffnet mir die Türe zu einer großen Küche. Es ist stickig heiß hier drinnen und überall hocken Fliegen. Um den Holztisch sitzen stumme Kinder. Sie schauen mich an, als käme ich von einem anderen Stern. Mir ist, es gäbe in der ganzen Küche kein einziges sauberes Plätzchen. Nur die Milch ist weiß. Ich bezahle sie in die Hand der alten Frau und bringe sie der Mutter. Sie rührt Kakao hinein, gibt Brot und Butter auf den Tisch, zündet die Petroleumlampe an, denn es gibt kein elektrisches Licht, und dann erzählt sie uns, wie das war mit dem Haus.
„Hier in der Schwendi hat vor Jahren eine Pfarrfamilie in einer kleinen Pension ihre Ferien verbracht. Ja, es waren halt auch Pfarrersleute wie wir. Und zur Familie gehörte eine schöne junge Magd. Sie ging eines nachmittags allein spazieren. Da sah sie mitten auf einem großen Feld einen jungen Bauern. Er wendete das Heu und es war weit und breit kein Mensch da, der ihm dabei hätte helfen können. „Muß der alles alleine machen?" dachte die Magd und bot ihm Hilfe an. „Ihr könnt euch ja vorstellen", sagt meine Mutter, „wie froh er um zwei fleißige Hände war. Nach getaner Arbeit setzten sie sich, so nehme ich es an, unter den Weidenbaum beim Bächlein, kühlten sich die heißen Glieder, aßen und tranken, lachten, redeten zusammen und verliebten sich ineinander. Es ging nicht lange, heirateten sie."

„Woher hast du eigentlich die Geschichte?" unterbricht Hermann seine Frau.
„Kathrin Näf unten an der Straße im Spezereilädeli hat sie mir vor kurzem erzählt."
„Und du tust das Deine hinzu." Vater lacht. Er kennt ja seine Frau, ihr Interesse an Menschen und deren Geschichten, bald einmal eingewoben in ihren eigenen Lebensteppich.
„Ihr werdet sehen, über kurz oder lang kennt Mutter alle Schwendigeschichten. - Du hast dich also schon angefreundet mit der Kathrin?"
„Natürlich", sagt Mutter. „Im übrigen bin ich froh, daß es sie und das Lädeli an der Straße gibt. Stellt euch vor, wir müßten alles vom Dorf hier herauf tragen."
„Das wäre keine Sache", meint Vater. „Vroni und ich würden es ohne weiteres tun."
„Ja, ihr seid die besten Läufer und Bergsteiger der Welt" sage ich ungeduldig. „Ihr habt beide viel mehr Kraft und könnt viel mehr tragen als Mädi und ich. Doch jetzt soll Mutter weitererzählen!"
„Also", fährt sie fort, - „Joseph und? -- nennen wir sie Agathe.."
Vater lacht wieder. „Agathe, weil es dein Lieblingsname ist?"
„Ja. - Agathe und Joseph zogen hier ein, in dieses Haus."
„Die hatten es sicher schön zusammen", sagt meine Schwester Mädi aus tiefstem Herzen.
„Ja, das denke ich auch", gibt Mutter zur Antwort. „Doch Agathe hatte es schwer mit ihrer Schwiegermutter. Sie drohte ihr mit dem Fegefeuer und der Hölle und wißt ihr warum?"
„Ich nehme an, Agathe war protestantisch", sagte mein Vater. „Hier im Kanton St. Gallen herrschen strenge Sitten, da darf kein Katholik eine Andersgläubige, eine Andersartige heiraten."
„Ist es umgekehrt nicht auch so?" - Lucie schaut Hermann fragend an. Dann erzählt sie noch das traurige En-

de der Geschichte, daß Agathe nämlich an der Geburt des ersten Kindes starb und Joseph hier auszog und wieder zurück ging in sein Elternhaus. Er heiratete später eine Katholikin. Man sagt, er hätte sie nicht besonders gern gehabt. Aber sie gebar ihm acht Kinder. Er mußte nie mehr allein auf dem Feld das Heu wenden."
Nach dieser Geschichte provoziere ich meinen Vater indem ich sage: „Ich würde auch einen andersgläubigen Mann heiraten, wenn ich in ihn verliebt wäre."
„Kommt nicht in Frage!" sagt mein Vater.
„Ich heirate aber, wen *ich* will!" ist meine trotzige Antwort.
Ich weiß nicht mehr, wie das Gespräch geendet hat. Ich weiß nur noch, daß Mutter unter dem warmen Licht der Petroleumlampe eine warme Atmosphäre beibehalten wollte. „Singed es Lied", sagt sie.
Zweistimmig singen wir: „Es git es schöns Älpli, do möcht i gern si. 's luegt alles so fründli, so heimelig dri."
Dann gibt sie jedem von uns eine Kerze in die Hand und mit diesem flackernden Licht gehen wir zu Bett. Ich teile mit den Schwestern die große Schlafkammer im oberen Stockwerk. Ob Agathe mit Joseph auch hier oben geschlafen hat, frage ich mich und es ist mir etwas seltsam zu Mute. Ob sie hier gestorben ist?
Mein Bett steht nahe beim Fenster. Ich sehe direkt in den Sternenhimmel. Er tröstet mich, denn die Agathe-Geschichte, das absolute „kommt nicht in Frage" meines Vaters, der Tod meiner Freundin, haben mich traurig gemacht. Ich ahne, daß ich noch manchen Kampf mit Vater werde ausfechten müssen. Und nie mehr kann ich mit Anneliese darüber reden! Unter meiner Bettdecke summe ich leise vor mich hin: „es git es schöns Älpli, do möcht i gern si." Und schlafe dabei ein.

Kalte Pommes-frites

Gehen die Töchter in der Zeit der Väter passiv, ahnungslos oder hellhörig einer Zeit entgegen, die sich zuspitzen wird zum zweiten Weltkrieg?
Der Name Adolf Hitler wird auch in der Schweiz immer bekannter, immer aktueller und wer ein Radio hat, kennt die schrille Stimme des Führers. Bei Kutters fehlt diese Wunderkiste, die uns auf unsichtbaren Wellen die Welt ins Haus bringt. Warum kauft Vater kein Radio? An den Ereignissen in Deutschland ist er ja brennend interessiert und er nimmt Stellung dazu. Ich hätte gern ein Radio. Ab und zu frage ich: „Papa, warum kaufst du keines?"
„Ich lese Zeitung", ist dann Vaters Antwort. Was habe ich als Tochter da schon zu sagen und zu wünschen!
Die Väter bestimmen, wie man (nicht Frau, schon gar nicht Kind) mit diesen Wunderdingen, diesen männlichen Errungenschaften umzugehen hat.
Es ist auch bei Familie Egger so. Einmal in der Woche bleibt mir der lange Schulweg nach Bruggen über die Mittagszeit erspart. Einmal in der Woche darf ich bei Eggers zu Mittag essen. Die Zwillinge Klär und Marlis sind in der Sekundarschule meine Freundinnen geworden. Wir leben zusammen in einer eigenartigen Mädchenwelt, die heute so nicht mehr denkbar wäre. Einerseits spielen wir das Mütterspiel mit unseren Käthe-Kruse-Puppen, das heißt, wir kopieren bis ins kleinste Detail die Säuglingspflege der damaligen Zeit, andererseits wollen wir möglichst schnell erwachsen werden. Liebesgeschichten, Liebesfilme, Tanzstundenintrigen interessieren uns. Die Zwillinge sind schon viel erfahrener als ich, vielleicht, weil sie eine ältere Schwester haben. Jedenfalls kann ich sie alles fragen, was mit dem Frausein zusammenhängt. Sie sind bestens informiert.
Ich sitze nun, wie gesagt, regelmäßig Mittwoch um 12 mit ihnen, zwischen ihnen am Familientisch Egger. Mir gegenüber, in ganz gerader Haltung, ähnlich wie meine

Großmutter Hanna, - Frau Egger zwischen ihrer Tochter Betli und dem kleinen Paul. Oben am Tisch Herr Egger und am unteren Tischende seine Angestellten Johann und Dora. Herr Egger und sein Stallknecht Johann scheinen Freunde zu sein. Sie sind eben „Rösseler." Das Thema Pferd ist ihr Thema.
Auch zwischen Frau Egger und Dora herrscht eine freundliche Atmosphäre. Die Magd lernt von der Lehrmeisterin und umgekehrt. Beide probieren beides aus: Bürgerliche Schweizer- und schwäbische Bauernkost. So machten es, bis Emma auftauchte, auch Mutter und Rosa.
Zu Beginn der Mahlzeit wird kein Tischgebet gesprochen, was mir recht ist. Herr Egger sagt: „En Guete mitenand" und taucht seinen Löffel in die Suppe ein. Alle essen, alle sind zufrieden. Ich erinnere mich an herrlich duftende „Fideli- und Flädlisuppen". Vom St. Galler „Schüblig" und den St. Galler Bratwürsten kriegt auch „Prinz" etwas ab. Er liegt zu Füßen seines Meisters. Wenn bei Eggers „Pommes-frites" auf den Tisch kommen, ist das für mich ein Festessen, denn zu Hause gibt es sie nicht. Es sei zu umständlich, zu viel Arbeit, sagt meine Mutter.
Ich sehe die Zwillinge in den Znünipausen auf dem Schulhof oft kalte Pommes-frites essen, während ich mir frische Brötchen kaufe. „Kalte Pommes-frites, magst du das?" frage ich einmal meine Freundin Marlis. Sie zögert mit der Antwort, nimmt mich bei Seite. Ich sehe sie noch, wie sie vor mir steht. Mit ernstem Gesicht sagt sie: „Ach weißt du, Klär und ich, wir helfen den Eltern Geld sparen. Es macht uns nichts aus, Reste zu essen. Jetzt in der Stickereikrise geht es unserem Vater geschäftlich nicht gut. Er hat kein regelmäßiges Einkommen wie dein Vater. Jeden Tag für Klär und mich ein Brötchen? - Nein, das käme zu teuer. Kartoffeln hingegen wachsen bei uns im Garten. Mutter muß nur das Öl für die pommes frites bezahlen. Sie gibt nie unnötig Geld aus. Mit allem, was sie hat, macht sie das Beste. Wir sind Selbst-

versorger. Du weißt ja, wie groß unser Garten ist mit den Obstbäumen, den Beeren, dem Gemüse, mit Hühnern und Enten. Wir müssen nie Hunger leiden. Aber wir können uns keinen Luxus leisten. Doch, einen Luxus leistet sich unser Vater. Er geht jeden Mittwoch schwimmen mit uns im Volksbad. - Mutter näht auch Kleider für uns, strickt uns Pullover aus Restewolle.
„Hier im Schulhaus", sage ich zu Marlis, „bewundern alle Mädchen eure Pullover.
„Ich weiß es und gebe das Kompliment weiter an meine Mutter. Sie macht sich Sorgen um unsere Existenz, sieht oft so traurig aus."
„Aber dein Vater ist immer guter Laune. Er lacht mit euch, macht Spaß."
„Vielleicht kann er seine Sorgen besser verstecken als Mutter oder er nimmt sie auf die leichtere Schulter. Er ist von Natur aus ein fröhlicher Mensch. Mutter hat es schwer gehabt in jungen Jahren. Sie verlor ihren ersten Mann und stand ganz plötzlich allein da mit ihrer kleinen Tochter Betli. Damals gab es für sie schon Existenzängste. Zum Glück hat sie meinen Vater kennen gelernt. Er hat sie geheiratet und Betli adoptiert. Für ihn gibt es den Unterschied „Stieftochter" oder" eigene Töchter" überhaupt nicht. Er ist einfach ein prima Vater für alle. ---- Nächste Woche nach den Pfadiübungen könntest du bei uns übernachten. Dann haben wir lange lange Stunden zum Plaudern. Einverstanden?"
Auf diese langen Stunden freue ich mich. Sie bedeuten mir weit mehr als Pfadfinderübungen. Endlich ist der versprochene Samstagabend da. Müde von Staffettenläufen, Morsezeichen-Senden, Schnitzeljagd durch den Wald und anderen Spielen machen wir uns in der Abenddämmerung auf den Heimweg zum Hause Egger an der Speicherstraße 29. Es sind nicht mehr viele Leute unterwegs in der Stadt. Unsere Schritte hallen durch die Gassen und der Herbstwind treibt die Blätter vor sich her. Das hab ich gern: Schritte und Stimmen von Menschen und das Rascheln des dürren Laubes. Die Glocken

läuten. Aus allen Türmen läuten sie den Sonntag ein. Klänge, tiefe und helle Töne schwingen über der Stadt. Mir ist ganz feierlich zu Mute. Ich spüre aber auch eine bleierne Müdigkeit und einen großen Hunger in mir.
Im Eßzimmer von Eggers wartet nicht nur eine frisch gebackene Apfelwähe, es wartet auch eine Mutter auf uns. Eine Mutter, die Zeit hat. Sie setzt sich mit an den Tisch, ißt und plaudert mit uns, dann richtet sie das Bad für uns her, wünscht uns eine gute Nacht und wohlig durchwärmt schlüpfen wir in unsere Betten. Wir reden natürlich noch lange über unsere Väter und Mütter. Meistens kommen wir zum Schluß, daß uns Ähnliches verbindet. Es ist der Lebensstil, es sind die Gewohnheiten einer bürgerlichen Familie. Dennoch spüre ich einen wesentlichen Unterschied zwischen Eggers und Kutters. Die Eggerfamilie hat ihren ganz besonderen Kitt, um den ich sie heimlich beneide. Ich denke, es ist der Existenzkampf, der sie zusammenhält. Jedes Familienglied bringt seine Opfer. Wenn meine Freundinnen kalte pommes frites essen in der Schulpause, so ist das ein Zeichen von Solidarität mit den Eltern.
Und noch Eines steht fest: Paul Egger ist ein anderer Vater als der meine. Sonntags in der Frühe reitet er mit seinem Pferd und seinem Hund in den Wald. Oftmals begleitet ihn auch seine Tochter Betli auf ihrem Pferd.
Frau Egger, nachdem sie sich am Sonntagmorgen beim Gartentor von ihrem Mann verabschiedet hat, setzt sich mit uns an den Frühstückstisch. „Weißt du", sagt sie zu mir, „mein Mann hätte in jungen Jahren katholischer Priester werden sollen. Das hat er nicht durchhalten können. Die Bücherwelt ist nicht seine Welt. Er fühlte sich eingemauert in der Klosterschule. Seither geht er nicht mehr in eine Kirche. Draußen an der frischen Luft mit seinen Tieren ist für ihn das Leben lebendig. Der Wald ist sein Dom. Und sollte er Gott suchen, so findet er ihn wohl am ehesten in der freien Natur."
Ich erzähle zu Hause, daß ich den Sonntagmorgenritt von Herrn Egger als etwas Befreiendes empfinde. Am

liebsten würde ich sagen: „Vater, laß doch das Predigen, komm auch mit uns in den Wald, komm mit uns schwimmen und spielen!" Doch ich traue mich nicht. Es ist schon viel, daß ich von Herrn Egger erzähle. Vater gibt eine ernüchternde Antwort:"
„Ein Morgenritt durch den Wald, das hätte nichts zu tun mit Gott. Hinhören auf das Wort innerhalb der Gemeinde , in der Kirche, das sei das Richtige."
Vater redet an mir vorbei.
Will er nicht zur Kenntnis nehmen, daß wir zwei verschiedene Menschen sind mit scheinbar entgegengesetzten Bedürfnissen? Will er es nicht wahr haben?
Wie finden sich die fremden Töchter im fremden Land, Rosa bei uns, Dora bei Eggers, wie finden sie sich zurecht?
Sie verbringen oft den Sonntagnachmittag zusammen. Worüber reden sie? Über ihre Dienststellen? Wie es ihnen geht bei Eggers und bei Kutters? Reden sie über die Schweiz, ihr Gastland? Finden sie sich gut oder schlecht bezahlt? Reden sie über Liebe und Freundschaft? Vielleicht hat jede einen Schatz. Das würden wir doch so gerne wissen, Marlis, Klär und ich!
Zurück zum Familientisch Egger. Punkt halb ein Uhr steht Herr Egger auf und stellt das Radio an, um die Nachrichten aus Beromünster zu hören. Die ganze Familie hört mit, gibt sich Mühe, möglichst geräuschlos zu essen. Wenn Meldungen aus Deutschland kommen, wird Doras Gesicht ernst. Sie weiß nicht, soll sie als Dienstmagd in der Schweiz bleiben oder zurückkehren nach Deutschland. „Heim ins Reich", wie schon Etliche sagen.
Auch Rosa ist unruhig. Immer wieder will sie von meinem Vater hören, was in der Zeitung über Deutschland steht. Er liest ihr vor, hält sie auf dem Laufenden und spricht mit ihr über die Ereignisse. Ich stelle auch Fragen, will auch wissen, woran ich bin mit diesem Hitler, vor dem sich viele fürchten, den andere hochjubeln und der seine Macht immer mehr ausbreitet. Hermann Kutter

und Paul Egger sind beide entschieden gegen den Nationalsozialismus. Das macht mich stolz. Und es bedeutet wohl auch Stütze und Halt für Dora und Rosa.
Es ist die Zeit der Väter. Wer sich einem klar denkenden, verantwortungsbewußten Vater oder Leihvater anvertrauen kann, ist gut beraten. Doch selber Zeitung lesen, selber Radio hören, selber denken, handeln, kurz: Eine selbständige Tochter werden, wäre wohl keine schlechte Alternative!

Rosa entscheidet sich

Rosa fährt trotz der gespannten Lage in Deutschland im Sommer mit uns nach Wildhaus. Ich genieße besonders den ersten Ferienteil. Da sind wir Kuttertöchter mit Rosa und meinem Beggingerfreund Hans allein. Rosa fühlt sich verantwortlich für uns und für das Haus. Es soll alles mit rechten Dingen zu und her gehen! Sicher! Aber warum nicht die Zügel ein wenig locker lassen? Schließlich könnte Rosa unsere große Schwester sein. Wir fühlen uns ohne Eltern viel erwachsener. Kaum angekommen, kämpfe ich um etwas ganz Wichtiges. Ich will nämlich, daß Hans auch bei uns in der Frauenkammer schläft. Rosa hat Bedenken und schüttelt den Kopf.
„Rosa, es geht nicht, daß Hans ganz allein im „Chuchistübli" schlafen muß. Vielleicht hat er dann Angst oder Heimweh. Wenn wir alle im Bett, in derselben Kammer liegen, ist das urgemütlich. Da können wir so lange miteinander plaudern, wie wir wollen. Und du mußt auch mit uns zu Bett gehen."
Rosa lacht. Eigentlich findet sie das auch schön. Aber sie weiß nicht so recht. „Wenn das deine Mutter erfährt"?
„Wir sagen kein Wort. Ich schwöre dir, sie wird es nicht erfahren."
Und sie hat es nie erfahren. Wir kleinen Weiber hielten dicht.
Es ist tatsächlich herrlich, so eine Schlafstubete. Jede liegt in einem dünnen Leintuchschlafsack, über sich eine mächtige Decke und wir lachen und plaudern bis tief in die Nacht hinein.
Am Morgen weckt uns die Sonne. Vroni, die Jüngste, hüpft schon früh aus den Federn. „Ich gang is Wäldli."
„Du ganz allein?" fragt Rosa ängstlich. „Wart doch, ich mache erst Frühstück."
Sie springt auch aus dem Bett. Da steht sie im weißen Nachthemd mit dem aufgelösten, dunklen Haar. Schön

sieht sie aus. „Bleib da, Vroni!" ruft sie durchs Schiebfensterchen. Doch meine Schwester ist schon verschwunden. „Keine Angst, Rosa, sie ist es gewohnt, auf Entdeckungsreisen zu gehen. Ich weiß, was sie macht. Sie sucht Frösche und Kröten und sie wird bestimmt Beeren mit nach Hause bringen."
„Frösche, Kröten? Und was denn für Beeren?"
„Heidelbeeren. Im Schwendiwald und drüben im „Echowäldli" soll es ganz blau sein um diese Jahreszeit."
Hans steht nun vor mir, reibt sich den Schlaf aus den Augen und streckt sich in der Sonne, die ins Zimmer scheint.
„Ich mach Feuer im Herd", sagt er. „Das kann ich gut, schließlich bin ich ein Bauernsohn."
Schon bald sehe ich „seinen" Rauch senkrecht in die Luft steigen. „Ein Gutwetterzeichen", sagt Hans.
In der Küche wird es warm. Rosa kocht einen dicken Haferbrei, den alle mögen, außer mir. Vroni kehrt tatsächlich mit Heidelbeeren und ein paar Kröten in einer rostigen Blechbüchse von ihrem Spaziergang zurück. Mir sind diese heute so rar gewordenen, damals im Überfluß vorhandenen Tiere zu schlüpfrig, doch Vroni ist hell begeistert von ihnen. Besonders schön findet sie eine dicke, goldgelbe Kröte mit braunen Tupfen. Sie wird Hermann genannt und es findet eine kleine Taufzeremonie statt. Ich gönne ihr das Kirchenlied, das wir für sie singen, bevor wir unseren Haferbrei essen und eine Bergwanderung beschließen. Wir wollen den Chäserrugg erobern. Unsere erste Alleinbergtour hat schon etwas mit Eroberung und Abenteuer zu tun.
Der Bergrücken zieht sich endlos hin und liegt in der prallen Sonne, während wir ihn besteigen. „Anstrengend", seufzt Rosa. „Anstrengend, diese Felsbrocken, diese Hitze!" Immer wieder wischt sie sich den Schweiß von der Stirne. Mir ist etwas bange um sie. Ich weiß, daß es Leute gibt, die bergkrank werden. Rosa gehört wohl auch zu ihnen. Zum Glück ist eine Sennhütte

in Sicht. Vroni ist als Erste oben, barfuß, wie immer.
„Man könnte meinen, sie sei eine Bergziege", sagt Rosa.
„Ich bin dagegen ein schwerer Klotz und mach euch nur Mühe."
Hans bietet seine Hilfe an. Er nimmt Rosa bei der Hand und zieht sie förmlich den Berg hoch. Das letzte Stück bis zur Hütte schafft sie kaum mehr. Doch plötzlich, als würde die Alp selber singen, durchdringen wunderschöne Töne die klare Bergluft. Rosa bleibt stehen. „Was war das?"
„Ein Jodel", sagt Hans. „Dort oben steht der Senn vor seiner Hütte und heißt uns auf seine Art willkommen."
Da wartet tatsächlich Einer, ahnt nicht, was auf ihn zukommt, weiß nicht, wie ihm geschehen wird. Denn kaum sieht er Rosa, liebt er sie, die schöne, dunkle, erschöpfte Frau. Sorgfältig begleitet er sie an einen Schattenplatz vor seiner Hütte. Auf einer langen Bank ruht sie sich, ruhen wir uns alle aus. Fridolin Fetsch stellt Milch, Brot und Käse auf den Tisch. Als wären wir die vornehmsten Gäste! Vroni will bald weiter wandern. Also machen wir uns wieder auf den Weg, mit Ausnahme von Rosa.
Oben auf dem Berggipfel sind wir ordentlich stolz, daß wir dieses Ziel ohne elterliche Betreuung erreicht haben. Am späten Nachmittag kehren wir zurück zur Hütte und holen Rosa wieder ab.
„Rosa, was hast du den ganzen Tag gemacht bei Fridolin?" frage ich abends im Bett.
„Ich habe lange unter dem Holunderbusch geschlafen."
„Und dann?"
Keine Antwort.
„Rosa, und dann?"
Es bleibt still im Zimmer. Plötzlich sagt Hans: „Sie hat sich bestimmt in ihn verliebt."
Wir kichern unter unseren Decken. Wiederum Stille, bis Rosa sich in ihrem Bett aufsetzt. „Ja, es ist so und nun weiß ich überhaupt nicht, was ich machen soll. Ihr braucht nicht zu lachen, es ist nämlich eine ernste Sache. Fridolin fühlt sich einsam auf seiner Alp. Er sagt, er

hätte wenig Gelegenheit, Mädchen kennen zu lernen. Doch heute sei ihm genau die Richtige über den Weg gelaufen. Das sei wie ein Wunder. Er meint mich. - Er hat mir einen Heiratsantrag gemacht.
Wir brechen in ein Freudengeschrei aus und sehen schon die herrlichsten Zukunftsbilder vor uns: Rosa als Sennerin mit diesem jodelnden freundlichen Fridolin und einer Schar Kinder. Wir würden sie in allen Ferien besuchen, immer mit ihr verbunden bleiben. Ewigkeitspläne!
„Nimm ihn, nimm den Fridolin," sagt Hans. „Dann mußt du nie mehr zurück in dieses unsichere Hitlerdeutschland."
„Dort wartet eben auch einer. Es waren sogar zwei. Dem Briefträger habe ich kürzlich geschrieben, ich würde ihn nicht heiraten, weil er in die Partei eingetreten ist. - Aber den August, den kann ich doch nicht im Stich lassen. Er ist ein Waisenkind wie ich."
Rosa fängt an zu weinen.
„Kennst du den August schon lange?" frage ich.
„Ja."
„Warum hast du es niemandem gesagt?"
„Eure Mutter weiß es. Sie weiß auch, daß August arm ist. Außer ein paar Kühen, ein paar Äckern und einem verschuldeten Höflein besitzt er nichts. Er kann mich nur heiraten, wenn ich alles bringe, die ganze Aussteuer. Eure Mutter sagt, sie würde mir schon helfen. Aber jetzt, ich weiß nicht."
Rosa weint in ihr Kissen und wir sind ratlos.
Rosa wird sogar krank. Herzenskummer macht krank. Sie kriegt eine Angina. Ich schreibe meiner Mutter einen Brief, sie müsse kommen, Rosa hätte hohes Fieber.
Bis zu Mutters Ankunft tun wir, was wir können. Wir kochen Tee aus frischer Pfefferminze, die in der Wiese wächst. Vroni bringt Beeren aus dem Wald und Mädi, die einmal Krankenschwester werden möchte, versorgt die Patientin mit Essigsocken. Hans ist Hausvater. Er macht einfach alles. In meinen Augen ist er der brauchbarste Mann, den es gibt. Nur ungern nehme ich Ab-

schied von ihm, als dann die Eltern kommen. Trotzdem bin ich froh, daß Mutter mir die Verantwortung für Rosa abnimmt, sie aufmuntert, pflegt und viel und lange mit ihr spricht.

In Begleitung meines Vaters besucht Rosa noch ein paar Mal Fridolin Fetsch. Sie traut sich nicht, alleine zu gehen, aus Angst, die Bergkrankheit könnte sie wieder überfallen.

Sie heiratet aber nach vielem Zögern, vielem Hin und Her, vielen Tränen, Abschiedstränen von Fridolin und dem sicheren „Schweizerländle" August Nonnenmacher aus Vaihingen-Enz. Im Frühjahr 1937 fährt sie in Begleitung meiner Mutter mit ihrem geschenkten Hab und Gut über den Bodensee.

Ich sehe mich noch mit Vater am Rorschacherhafen stehn und winken, bis das Schiff sich in der Ferne verliert.

Schulabschluß, was nun?

Die Talhofzeit (zwei Jahre Sekundar-, drei Jahre Realschule) geht zu Ende. In unserem letzten Schulquartal reden wir Talhöflerinnen meistens über unsere zukünftigen Berufe. Es ist in den dreißiger Jahren schon ganz klar, daß jede von uns einen Beruf haben möchte. Mädchen, die mit mir zwei Talhofjahre in der Sekundarschule verbracht und dann eine Lehre gemacht haben, sind zum Teil schon im Erwerbsleben als Verkäuferin, Schneiderin, Serviertochter, Köchin, Bürofräulein, Bankangestellte, Coiffeuse. Die meisten von ihnen kommen aus Arbeiterfamilien. Sie sind früh selbständig, verdienen eigenes Geld, sammeln eigene Erfahrungen, stehen auf eigenen Füßen. Ich beneide sie um ihre Tüchtigkeit. Es ist diese Frauengeneration, die nach dem zweiten Weltkrieg den Aufbau der zerbombten Städte in die Hände nehmen wird. Trümmer-Frauen! - Wir in der Realschule kommen aus bürgerlichen Verhältnissen. Bildung, so wollen es die Eltern, so will es auch die Schule, sollen wir abschließen mit einem Diplom und dann in sogenannt gehobenere Berufe gehen. Statt Köchin, Hauswirtschaftslehrerin, statt Schneiderin, Handarbeitslehrerin, Hebamme, Säuglingspflegerin, Krankenschwester, Telefonistin, Primarlehrerin. Der Gärtnerinnenberuf kommt langsam auch in Mode. Es ist noch immer ein unüblicher Frauenberuf. Zu Mutters Zeiten, das heißt in ihrer Jugend, war er brandneu. Meine Schwester wird in diesen Beruf einsteigen auf Wunsch meiner Mutter. Mädi, da hast du dich von ihr ganz schön manipulieren lassen! - Du wärst doch lieber Kindergärtnerin oder Krankenschwester geworden. Scheinbar erträgst du es nicht, daß Mutter den Kindergärtnerinnenberuf belächelt und als überflüssig einstuft. „Töggelischuel", nennt sie ihn. „Ein richtiger Blumen und Gemüsegarten, der Bezug zur Erde sei dagegen schon etwas ganz anderes", sagt sie. Mädi, ich beneide

dich um deinen handfesten Beruf. Du bist mit ihm eine Haßliebe eingegangen und führst ihn trotzdem profimäßig aus. Deine Gärten, du hattest mehrere, sind giftfrei und schön und wenn ich mit dir spazieren gehe, kannst du die meisten Pflanzen, Bäume und Getreidesorten beim Namen nennen, was heute immer seltener wird, auch in den Dörfern.
Was fange ich mit mir und meinen Berufswünschen an? Ich möchte Primarlehrerin oder Schauspielerin werden.
„Die Schauspielerei kommt nicht in Frage!" sagt mein Vater. „Es ist ein unseriöser Beruf. Du gerätst da in schlechte Gesellschaft, kommst auf Abwege. Überhaupt zweifle ich daran, ob du wirklich talentiert bist."
„Wenn ich aber trotzdem Schauspielerin werde?"
„Das würde deine Mutter nicht überleben. Ich bezahle dir keine Schauspielschule!"
Meine Mutter würde das nicht überleben? Sie, die sich gegen ihre Eltern durchgesetzt hat, ausgerechnet sie gibt meinen Wünschen und Vorstellungen keinen Raum, droht sogar mit dem Tod und läßt alles durch Vater ausrichten! Habe ich denn so sture Eltern, die uns, Mädi und mir, verbieten, was wir gerne tun möchten? Es ist weiß Gott noch immer die Zeit der Väter. Sie verbieten, sie bestimmen und im Hintergrund ziehen die Mütter am selben Strick. Warum machen sie das? Warum werde ich selber, in meinem späteren Leben in ähnliche Fallen laufen? Familienbedingte Wiederholungszwänge oder allgemeine Zeiterscheinung? Jede Zeit gebiert die Menschen, die sie braucht? Ich hätte meiner Mutter mehr Solidarität zugetraut und mir als erwachsene Frau mehr Vertrauen in meine Kinder gewünscht.
Mein Rechnungslehrer, der immer freundliche Herr Brunner, vermasselt mir zur selben Zeit den Lehrerinnenberuf. Er sorgt dafür, daß ich nicht zugelassen werde zur Aufnahmeprüfung ins Lehrerseminar Rorschach. Meine Klassenlehrerin Klara Leutenegger teilt mir dies mit am Schluß einer Deutschstunde. Ich breche in Tränen aus, denn eigentlich liegt mir an der Primarlehrerin

noch viel mehr als an der Schauspielerei. Klara Leutenegger und ich sind allein im Klassenzimmer. Sie wischt mir die Tränen ab, nimmt sich Zeit für mich, redet mit mir, versucht mich zu trösten. „Schade", sagt sie, „daß Herr Brunner dir keine Chance gibt. Das bißchen Kopfrechnen oder was er beanstandet, könntest du längst hinzulernen. Das ist keine Hexerei. Aber wir sind heute leider im technischen, nicht mehr im musischen Zeitalter. Aus dir wäre eine gute Primarlehrerin geworden."
Klara Leutenegger weiß aus eigener Erfahrung, was es heißt, chancenlos dazustehen als Frau. Sie hätte mir meinen Traumberuf gegönnt, weil sie selber eine glückliche Lehrerin geworden ist.
„Was raten sie mir, Fräulein Leutenegger? Was soll ich denn jetzt werden?"
„Schau dich noch ein wenig um, du wirst schon etwas finden. Ich an deiner Stelle würde Sprachen lernen, denn daran hast du Freude."
Meine Eltern sind auch dieser Meinung. Nur drücken sie sich anders aus: „Wir schicken dich ins Ausland, du sollst lernen, fremdes Brot zu essen."
Ungezählte junge Mädchen aus bürgerlichen Häusern, darunter meine Freundinnen, bekommen diesen Satz zu hören und müssen ihn ausführen. Sie werden als au-pair-Mädchen hauptsächlich nach Frankreich und England geschickt. Ein Mädchen soll dienen lernen. Das ist die Moral der Zeit. Und aus einem Jungen wird erst dann ein richtiger Mann, wenn er die Rekrutenschule hinter sich hat.

England: Neuland!

Eines Tages muß auch ich, das „au-pair"-Mädchen Ursula Kutter abfliegen nach England. In London holt mich eine große, gutaussehende, rothaarige Frau ab: Mrs. Abbott, meine zukünftige Chefin. Was erwarten wir voneinander? Ich möchte Englisch lernen, aufgenommen sein in der Familie und das Land etwas kennen lernen. Sie erwartet von mir nichts anderes als Entlastung. Die Rechnung geht nicht auf. Nur immer putzen, ein verwöhntes Kind auf Schritt und Tritt begleiten, alleine mit ihm spielen, alleine mit ihm essen und alles für fünf Franken in der Woche? Nein, so lerne ich keine neue Sprache! Ich kündige die Stelle und fahre nach Felpham-Bognor. Dort wohnt Lettice, eine Freundin meiner Mutter. Sie vermietet Ferienhäuser am Meer und kennt dadurch viele Leute. Bald findet sie den richtigen Platz für mich.

Meine Freude ist groß, daß ich am neuen Ort schon bei meiner Ankunft weiß: Hier bleibe ich! Mit John und Betty werde ich zurecht kommen. John, zehn Jahre alt, wird vielleicht meine Hilfe brauchen können. Er ist gelähmt und kann sich nur an Krücken fortbewegen.

Über die sechs Jahre alte Betty schreibe ich ins Tagebuch: „Sie hat die schönsten Kinderaugen, die ich je gesehen habe. Doch ihr Gesicht ist oft so traurig. Wenn ich putze, will sie auch putzen. Wenn sich ihre Mutter schminkt, schminkt sie sich auch. Bin ich in der Küche, setzt sie sich zu mir und will Geschichten hören. Am liebsten die Heidigeschichte."

Das Leben wird wieder lebendig. Ich lerne reden und träume Englisch. Endlich will mich diese Sprache für sich haben. Auch die Kinder wollen das. John klagt mir sein Leid, daß er sich ausgestoßen fühlt, wenn ihn Gleichaltrige am Strand auslachen, daß er auch spielen und schwimmen möchte im Meer. Ich tröste und beschütze ihn, so gut ich es kann.

Mrs. Cameron läßt mich so haushalten, wie ich es für gut finde. Sie ist im wahrsten Sinn des Wortes Gesellschaftsdame. Unbekümmert genießt sie ihr Leben als Strohwitwe. Wenn ich sie mit andern Männern flirten sehe, denke ich oft: „Sie braucht es, sonst erträgt sie es nicht, daß ausgerechnet ihr Sohn so viel Leid mit sich herumschleppen muß."
Ihr Gatte, Mr. Cameron, Militärarzt in London, kommt nur am Wochenende zu seiner Familie nach Felpham ins „garden house" an der Gartenstraße. Fünf kleine Häuser mit fünf kleinen Gärten liegen an diesem Privatweg, der zum Meer führt. Schon nach der ersten Tasse Tee, die ich kurz nach meiner Ankunft mit den Camerons trinke, sagt John: „Weißt du, daß die Häuser und die Gärten Miss Lettice gehören?"
„Ja, das weiß ich."
„Woher kennst du sie?"
„Sie ist die Freundin meiner Mutter. Lucie und Lettice haben zusammen dieselbe Gartenschule in England besucht."
„Findest du sie auch schön?"
„Ja, sehr schön."
„Ist sie so alt wie deine Mutter?"
„Ja."
„Wie alt ist deine Mutter?"
„Sie wird diesen Sommer fünfzig Jahre alt."
„Dann wird Lettice auch fünfzig Jahre alt? Aber so sieht sie gar nicht aus. Jeden Morgen kommt sie mit dem Fahrrad und besorgt alle Gärten hier in der Gegend. Sie singt dazu. - Sie putzt auch die Häuser, wenn die Ferienleute weggehen. Einmal, das hat sie mir selber anvertraut, konnte sie frühmorgens nicht ins wash-house. Das ist ihr kleinstes und ich glaube ihr liebstes Haus. Früher war es nämlich eine Waschküche und sie hat es in ein Ferienhaus verzaubert. Die kann das!"
„Und warum konnte sie nicht ins wash-house?" fragte ich John.

„Der Holländer hat ihr den Eingang versperrt." John ist ganz aufgeregt.
„Sie hätte doch sagen können: „bitte lassen sie mich hinein, ich muß das Haus putzen."
„Nein", sagt John. „Der Holländer stand im Türrahmen, groß, breit und ganz hell. Sie konnte durch ihn hindurch sehen. Er redete kein Wort, lächelte nur und dann war er weg. Lettice sagt, er wäre jetzt ein Geist, ein Gespenst und käme ins wash-house, weil es ihm dort in den Ferien so gut gefallen hat."
„Dann ist er wohl im wash. house gestorben?"
„Ja", sagt John mit einem tiefen Seufzer. „Lettice kennt viele Gespenster und sie hat kein bißchen Angst vor ihnen."
Mrs. Cameron rundet das Portrait ihrer Vermieterin vollends ab: „Lettice ist eine wunderbare Frau, kinderliebend, tierliebend, pflanzenliebend. Sie hackt nicht wie andere Leute wild in den Gärten herum, tut den Pflanzen keine Gewalt an. Die verschiedensten Blumen und Kräuter wachsen bei ihr wild durcheinander und bilden trotzdem eine Einheit. Ich kenne niemanden, der mit so viel Leichtigkeit so viel Arbeit bewältigt. Ich bin froh, haben wir diesen Ort und Miss Lettice gefunden. Sie hat uns auch von dir erzählt, Ursel. Durch sie bist du bei uns gelandet."
„Ich weiß und es war eine glückliche Landung."
Die Langeweile, die mich in Mrs. Abbotts Haus erdrückt hat, ist weg. Mit den Cameron Kindern teile ich den Alltag, mit Lettice die freien Mittwochnachmittage. Wir gehen jedesmal dem Meer entlang spazieren. Ich suche im frisch angeschwemmten Sand nach Muscheln. Lettice besitzt einen Strandkorb. Dort trinken wir den heißen Vieruhrtee: Ein wunderbares, süßes Konzentrat, ein Zaubertrank, aus dem wir anhand der zurückgebliebenen Teeblättchen in der Tasse die Zukunft lesen. Wir hocken nahe beieinander im engen Badehäuschen und schlürfen das Gebräu, in dem alles enthalten ist: Liebe, Freundschaft, Geister, Wind, Sand, Meer, Wünsche, Sehnsucht.

Bei mir der Wunsch, mich nicht trennen zu müssen von Menschen, die ich liebe. Doch bald schon naht der Abschiedstag. Die Camerons fahren zurück nach Kanada, Lettice bleibt in ihren Gärten, bei ihren Häusern und Gespenstern. Und ich bin so plötzlich wieder zu Hause am elterlichen Tisch. Gehöre ich da überhaupt noch hin? Ich komme mir seltsam verpflanzt vor.

Strasbourg

Ich bin froh, den elterlichen Tisch bald wieder verlassen zu können. Ich bin eine unbequeme, kritische Tochter geworden, brauche Distanz, muß eigene Wege gehen, eigene Lebensformen suchen. Die Sehnsucht in der Fremde stillen? Warum nicht!
„Du hast es gut," sagt mein Vater beim Abschied. Er begleitet mich zur Bahn. „Du kannst gehen."- Vielleicht möchte er auch gehen. „Du kannst eine neue Stadt entdecken. Ich beneide dich. Strasbourg ist eine wunderschöne alte Stadt, voller Geheimnisse, voll von Geschichte. Und die Elsässer, du wirst sehen, sind ein eigenes, ein ganz besonderes Volk."
Er hat recht. In der „école Lucie Berger" gewöhne ich mich schnell und gerne an die elsässischen Kameradinnen. Etliche reden Deutsch, andere Französisch und viele ihren unverwechselbaren elsässischen Dialekt. Immer wieder will man diesem Volk seine ureigenste Sprache verbittern, wegnehmen. „Vergeßt, daß ihr Elsässer seid, ihr seid jetzt Deutsche!" „Vergeßt, daß ihr Elsässer seid, ihr seid jetzt Franzosen!" - Heute erwekken Dichter und Sänger die Sprache ihrer Großeltern wieder zu neuem Leben. Sie sollte nie mehr untergehn!
Strasbourg ist die Stadt, in der ich Franzosen kennen lerne, deren Sprache ich bewundre. „La langue des anges." Ich stelle mir vor, die Engel im Himmel würden Französisch reden. So sehr liebe ich diese Sprache.
Strasbourg ist auch die Stadt der Wäscherinnen. Sie waschen ihre Wäsche im Ill, der durch die Stadt fließt. Ich stehe am Ufer und schaue ihnen zu, höre sie plaudern und lachen.
Strasbourg ist die Stadt einer kurzen großen Liebe.
Strasbourg ist Münsterstadt, Konzert und Studentenstadt.
Durch Strasbourg rollen von Zeit zu Zeit Panzer und Kanonen, marschieren Soldaten zur Militärmusik und

die Zuschauer am Straßenrand schwenken Fähnchen und klatschen Beifall. Unter ihnen meine Schlummereltern, ein Professorenpaar. Ihnen scheint das Défilée zu gefallen. Sie reden zu Hause ausgiebig darüber und essen dazu „Buttenmost" (Hagebuttenmus) aus einem Steinguttopf. So ist die Demonstration der Macht nichts anderes als eine vergnügliche Show? Daß sich ein Theologieprofessor begeistern kann für Kanonen, finde ich komisch, denke aber weiter nicht darüber nach. Es wird noch lange dauern, bis ich die Welt mit wacheren Augen sehen kann.

Heute schüttle ich den Kopf über eine Antwort, die ich einer jungen charmanten Französischlehrerin gebe. Auf ihre Frage: „Quelle est le devoir de la femme?" (was ist die Aufgabe der Frau?) sage ich: „De plaire à l'homme."- Es ist für sie und alle Mädchen in der Klasse die richtige Antwort.

Vaihingen-Enz

„Plaire à l'homme, dem Mann gefallen", erlebe ich erst recht in Deutschland. Kurz nach meiner Strasbourger-Zeit fahre ich zu Rosa und August Nonnenmacher nach Vaihingen-Enz. Dort wollen BDM Mädchen (Bund deutscher Mädel) und die meisten Frauen im Städtchen ihrem Führer gefallen. Für ihn tun sie alles. Nur Rosa nicht. Sie sagt „nein", da, wo August „ja" sagt. Sie läßt sich nicht Sand in die Augen streuen. Wenn August behauptet, es ginge den Bauern besser im Nationalsozialismus, sagt Rosa: „August, du liegsch!" Es ist ihr Standard-Satz. Sie sagt ihn täglich. Täglich ist sie auf der Hut vor den Lügen, die dem Volk aufgetischt werden. Sie weiß, daß die vielen Geldsammlungen nicht für sogenannt „gute Zwecke", sondern für den Krieg sind. Er lauert vor der Türe. Rosa ist hellhörig. Sie ahnt, was passieren wird und spricht mit mir darüber. Wenn eine Geldsammlerin kommt, sagt sie: „Wir sind arm, wir können nichts geben." - Sie schimpft über Adolf, der ihr den letzten Batzen abluchsen will. Doch ihre Bemerkungen sind bereits gefährlich. Sie ist empört, daß über dem Vaihinger-Viehmarkt Spruchbänder hängen mit der Aufschrift: „Kauft nicht bei den Juden!" Und sie streitet mit August, der tatsächlich seinem alten jüdischen Viehhändler den Rücken kehrt und sich eine „arische" Kuh kauft.

Rosa paßt auch auf mich auf. „Laß dich nicht mit Annemarie ein," sagt sie.

„Warum nicht? - Ich bewundre Annemarie. Sie ist schön. Die blaue Uniform steht ihr gut."

„Ja, ich weiß, daß du sie bewunderst."

Anfänglich gefällt mir das Leben in der BDM-Gruppe. Doch mit der Zeit wird mir bewußt, wie verletzend das Wort „arisch" sein kann. Vor allem in Zusammenhang mit den Juden. Annemarie sagt, Erb- und Rassenlehre

sei rasend interessant und sie werde nie mehr einem jüdischen Mädchen die Hand geben.
„Warum denn nicht?" frage ich sie und denke dabei an meine ehemalige Kameradin Maud Weil, die ich gern hatte, die neben mir saß im Geschichtsunterricht.
Annemaries Antworten auf die Judenfrage befremden mich sehr.
Mir gefallen aber Wochenendfeste, Sportanlässe und das Sonnwendfeuer. Arische Burschen springen mit arischen Mädchen über klein gehaltene Feuer. Dazu wird gesungen und getanzt.
Auch ich bin verführbar, nicht mehr und nicht weniger als Annemarie. Das steinharte „Nein" von Rosa zu dieser Naziromantik erlaubt mir keine Schwärmerei, zwingt mich vielmehr, über die Sache nachzudenken, mehr, als mir lieb ist.
Die deutsche Jugend trinkt nicht, raucht nicht. Sie fährt in großen „Kraft-durch-Freude-Bussen" über Land. Die deutsche Jugend ist naturverbunden und kinderliebend. Arische Kinder, auch uneheliche, sind erwünscht.
„Ich gebäre ihm keine Kinder mehr," sagt Rosa und hält Helene fest im Arm. „Noch einen Jungen? - Nein! Kein Kanonenfutter für Hitler!"
Alfredle wird erst nach dem Krieg geboren. Er hat Glück. Aus ihm wird kein Hitlerjunge mehr.
Ich bin einen Sommer lang für die kleine Helene verantwortlich. Rosa überläßt mir Haus und Kind. Ich werde nie vergessen, wie erschöpft das Ehepaar Nonnenmacher jeweils von der Feldarbeit ins kühle Haus zurück kehrt. Die Felder liegen weit draußen vor der Stadt und müssen in diesem heißen Sommer mit Wasser versorgt werden. Rosa kämpft einen harten Kampf gegen die Armut. Die beste Milchkuh stirbt an TB. Das Korn wird knapp. Rosa mischt geriebene Kartoffeln unter das Mehl beim Brotbacken. Ich schreibe meiner Mutter, sie möge mir Kondensmilch, Haferflocken und Zitronen schicken, damit ich Rosas Birchermuswunsch erfüllen kann. Nebst der täglichen Mühsal ist die Freude da am Kind.

„Helenele, ei, ei, eili, ei, freili, freili", Rosa gönnt sich ab und zu einen Moment Ruhe mit ihrer Tochter im Arm. Sie hängt auch sehr an ihrer Stube: „mei Biffeele, mei Nähtischle!"
An Sonntagen, das erstaunt mich immer wieder bei Bauersleuten, ruhen sie sich nicht wirklich aus.
Rosa, die mir an Wochentagen das Kochen überläßt, steht sonntags selber am Herd. Die Zubereitung des Sonntagsessens will sie sich so wenig nehmen lassen wie die Sonntagspredigt. Und das alles bedeutet: Früh aufstehen wie an Werktagen!
Der Nachmittag gehört den Verwandten. Sie wohnen im nächsten oder übernächsten Dorf. Nonnenmachers gehen zu Fuß hin. Wie denn sonst? Rosa steht an einem heißen Sonntagnachmittag mitten auf der Straße still. „Ich kann nicht mehr", sagt sie. „Wie damals auf der Bergtour", denke ich. Kurz entschlossen zieht sie ihr Sonntagskleid aus. August hat das nicht gern. Seine Frau im Unterrock! Sieht er nicht, wie schön sie ist? Die braune Haut, ihr dunkles Haar, das einfache weiße Hemd mit der groben Spitze! Ich sehe sievor mir, wie sie in der flimmernden Sommerhitze unbekümmert ihren Weg geht. So geht sie durchs Leben. Keine Obrigkeit hat ihr etwas zu befehlen. Was ihr gegen den Strich geht, geht ihr eben gegen den Strich! In ihr und in Lettice beggnen mir zwei emanzipierte Frauen frühester Zeit. Beide sind mir Vorbild und Hilfe auf der Suche nach meinem Lebensbild.

Lucies Wechseljahre

Es macht sich wohl jede Frau immer wieder ein Bild von ihrer nächsten Zukunft. Ich hatte in Strasbourg die Dalcrose-Rhythmik, diese Verbindung von Musik und Bewegung, kennen gelernt und mich entschlossen, Rhythmiklehrerin zu werden. Ich entwarf also mein Zukunftsbild und wählte einen Ersatzberuf.

Kaum heimgekehrt aus Vaihingen-Enz melde ich mich im Konservatorium Zürich für das Rhythmikseminar „Scheiblauer" an und ziehe zu meiner Großmutter Hanna. Sie bietet mir das Tante Lina Zimmer an mit Blick auf den See.

Zum ersten Mal in ihrem Leben kann Hanna frei über ihr Haus verfügen. Robert, ihr Mann, mein Großvater, ist während meines Deutschlandaufenthaltes unerwartet an einem Herzversagen gestorben. Kurz danach stirbt auch meine Großmutter Lydia Kutter. Über diesen Tod können wir mit Mutter reden, doch über den Verlust ihres Vaters sagt sie kaum ein Wort. War sie nicht seine Lieblingstochter? - Sie muß ihm sehr nahe und wiederum sehr fremd gewesen sein.

Während ich mich am neuen Ort im Großmutterhaus und im Rhythmikseminar einrichte, ziehen auch meine Eltern weg aus Bruggen. Vater wechselt die Stelle, wird nach Basel „berufen", wie es unter Pfarrern heißt.

In Hermann und Lucies Leben findet also eine große Veränderung statt. Oder ist es wieder dasselbe, ein Pfarrhausbetrieb, nur einfach an einem anderen Ort, in einer größeren Stadt?

Es wiederholt sich Manches, was Mutter kennt. Sie kennt den Theologenstreit, der sich hier viel mehr zuspitzt als in der Ostschweiz. Die Leute in der Gemeinde beteiligen sich am Streit. Sie bekämpfen sich, indem sie sich gegenseitig bitterböse Artikel in die Basler-Nachrichten schreiben.

Lucie und Hermann leiden wahrscheinlich mehr unter den Spannungen als die Basler selber. Die sind schließlich den sarkastischen Ton von der Fastnacht her gewohnt. Ja, in der Karl Barth-, Eduard-Thurneysen-, Wal-

ter-Lüthi-Stadt wird nun einmal viel gepredigt, viel gestritten, viel und laut getrommelt an der Fastnacht.
Auch die Frauen führen den positiv-freisinnigen Krieg untereinander, spalten sich in zwei Gruppen auf, können nicht auf derselben Nähmaschine im Gemeindehaus nähen für den gemeinsamen Herbstbazar!
Wenn ich Mutter in Basel besuche, klagt sie oft über die zerstrittenen Frauen. Ich bin wohl eine ihrer Klagemauern. Warum soll ich es nicht sein! Doch Mutters Lasten kann ich nicht mittragen, wie ich es zur Bruggener-Zeit oft getan habe. Meine Gedanken kreisen um mein eigenes Leben. Es spielt sich nicht mehr in Mutters Nähe, es spielt sich in Zürich ab.
Mit Ella, einer Mitseminaristin, kann ich offen über Liebe, Sexualität, Frausein reden. Das tut gut, denn Mutter verschleiert so Vieles. Vielleicht spricht sie mit Vroni, meiner jüngeren Schwester darüber, ich meine über die biologischen Veränderungen im Frauenleben.
Wir drei Schwestern sind Rollenträgerinnen. Mutter weiß genau, mit wem sie was besprechen kann und wir wissen es auch. Lucie hat eine symbiotische Beziehung zu ihrer jüngsten Tochter. Mit ihr kann sie wohl am ehesten intime Gespräche führen. Ich mache kaum noch einen Versuch, Persönliches von Mutter erfahren zu wollen.
Natürlich bin ich neugierig und möchte wissen, wie sich das nächtliche Eheleben meiner Eltern abspielt. Schlafen sie noch miteinander? Hat Mutter noch ihre Periode? Wenn ja, wie machen sie es, daß kein Kind mehr zur Welt kommt? Benützen sie Condome?
Einmal durchstöbere ich beide Nachttischschubladen im Elternschlafzimmer, finde aber keine Verhütungsmittel. Ich denke, Mutter verweigert sich ihrem Partner. Sie will keine Kinder mehr. Was soll sie sonst tun? Und irgend einmal höre ich von irgend woher, daß es meine Tanten auch so machen.
Nein, Verhütungsmittel finde ich keine. Dafür entdecke ich auf Mutters Nachttisch ein Buch mit dem Titel „Geisterstunde". Ich setze mich auf Mutters Bett und lese in diesen skurrilen Geschichten, fühle mich dabei zurückver-

setzt nach England, fühle mich verbunden mit Lettice, die gerne über Geister, Gespenster, gerne über Liebe mit mir gesprochen hat. „Let's talk about love!" Und damit meinte sie Liebe im weitesten Sinne. Liebe auch zur Kreatur.
Die Generation meiner Mutter hat nicht so sehr in Lebensabschnitten gedacht, wie wir es heute tun. Lettice, Lucie, Rosa, sie alle drei, standen in ihren Gärten, sorgten sich um das Überleben ihrer Pflanzen. Es war Notzeit, Kriegszeit. Von Psychologie sprach kaum jemand. Vieles blieb unausgesprochen, blieb sogar im Dunkeln. Und doch sind genau diese Frauen Kinder des Lichtes. Im Licht, in der Sonne, bei Regen und Wind haben sie ihre Arbeit getan, nicht gegen die Natur, sondern mit ihr. Viel später, als ich älter und Mutter schon sehr alt war, fragte ich sie einmal: „Wie ging es dir eigentlich in deinen Wechseljahren? Warst du müde, zerschlagen, hattest du Kopfweh, Blutungen, Hitzewallungen so um die fünfzig herum?"
Mutter schaute mich groß an. „Dazu hatte ich doch keine Zeit! In meinen sogenannten Wechseljahren zogen Hermann und ich, wie du ja weißt, an den Winkelriedplatz nach Basel. Da war meine erste, dringendste Aufgabe: Wie, womit heize ich dies riesige Haus in Kriegszeiten? Dann die Anbauschlacht! Erinnerst du dich nicht? Ich habe im Pfarrgarten Kartoffeln und im Schrebergarten Beeren und Gemüse gepflanzt. Die Rationierungskarten hätten nicht ausgereicht, die große Familie zu ernähren. Du hast das alles nicht so miterlebt. Du warst ja in Zürich, gut aufgehoben bei deiner Großmutter."
Unser Wechseljahr-Gespräch endete lustvoll in den Gärten, wie schon so manch anderes Gespräch.
Heute weiß ich: Der Garten, vor allem der Schrebergarten, den sie in den frühesten Morgenstunden aufsuchte, war für Lucie nicht nur Anbaufläche. Er war auch Ort der Stille, des Alleinseins. Ein kleiner Rückzug aus der Gemeinde.

Die andere Hanna

Hanna, meine Großmutter, entdeckt erst nach dem Tod ihres Mannes, daß auch sie eine tatkräftige Frau ist und Möglichkeiten hat, ihr Leben noch zu verändern. Sie führt nun aus, was sie schon als 50jährige Frau in ihr Erinnerungsbuch geschrieben hat: „ich möchte um die Rechte der Frau kämpfen!" - Sie tut es, indem sie sich für die Pflegerinnenschule der Stadt Zürich engagiert und sich auch um einzelne Schwestern kümmert. Nach dem Tod von Großvater bevölkert sich der Bungert mit Leuten, von denen ich nicht weiß, woher sie kommen, auf welchem Weg sie meine Großmutter kennengelernt haben. Ich sehe sie viel am Schreibtisch sitzen und Briefe schreiben. Das Bild der schreibenden Frau ist mir vertraut. Es ist auch das Bild meiner Mutter, die ihre Briefe nachts schreibt, in der Geisterstunde, wie sie sagt, wenn es muxmäuschenstill ist im Haus. Die schreibende Frau ein Zeitbild, das sich umwandelt in das Bild der telefonierenden Frau.

Meine Großmutter ist keine einsame Frau mehr. Sie genießt ihre Kontakte, hat vor allem die jungen Leute, ihre Enkel, Nichten und Neffen gerne um sich. Am Sonntagmorgen ist großes Sippentreffen in ihrem Wohnzimmer. Da werden Neuigkeiten ausgetauscht. Ein vergnüglicher Stadt- und Familienklatsch, in höflicher Umgangssprache! Auf jeden Fall ist meine Großmutter gut informiert über das, was sich in Zürich so abspielt.

Und es spielt sich noch etwas anderes ab, worüber niemand auch nur eine Silbe verliert. Es wäre zwar spannend, wenn Frauen verschiedenen Alters genau über dies Verschwiegene miteinander reden würden, nämlich über die Liebe.

Gesetzt den Fall, meine Großmutter hätte mich eingeweiht in ihr und ich sie in mein Geheimnis, dann hätte sich nach dem Nachtessen bei Tisch etwa folgendes Gespräch abwickeln können:

„Hast du noch Aufgaben, Ursel?"
„Ich sollte noch Klavier üben. Stört es dich eigentlich nicht, mein Geklimper im Salon so nahe beim Wohnzimmer?"
„Nein, ich habe es gern. Es erinnert mich an Zeiten mit Alice, wenn sie auf dem Flügel spielte. Bist du zufrieden mit deiner Ausbildung? Ist Rhythmik der richtige Beruf für dich?"
„Ich weiß es nicht, Großmama. Ich bin gerne hier bei dir in Zürich. Aber ich wäre lieber Primarlehrerin geworden. Diese Rhythmikausbildung hat so etwas Exklusives. Ob ich das je brauchen und erst noch damit Geld verdienen kann im praktischen Leben? Jetzt, im Moment ist es ganz schlimm mit mir."
„Warum denn?"
„Ich habe den Kopf nicht bei der Sache. Kompositionslehre und was wir sonst noch lernen müssen, kann mir im Moment gestohlen werden. Ich bin nur noch verliebt und Liebe braucht Zeit."
„Ja, das weiß ich. Ich weiß es von dir und weiß es von mir. Wo hast du deinen Freund kennen gelernt?"
„Durch meine St. Gallerfreundin Marlis. Sie und ich haben uns in der Stadt getroffen und zusammen einen Kaffee getrunken. Dann hat sie plötzlich gesagt: weißt du was? Wir besuchen Kurt."
„War er einmal ihr Freund?"
„Nein, nein, sie kennt ihn aus gemeinsamen Kinderferienlagern. Sie weiß einfach, daß er in Zürich eine Graphikausbildung macht. Er hat sein Zimmer bei einer alten Frau und wir haben ihn überrumpelt ohne Voranmeldung. Es ist mir noch nie passiert, Großmama, daß ich so schnell einen Menschen erfassen und für mich gewinnen konnte."
„Das ist ja das Herrliche am Jungsein. Genieße es, Kind!"
„Das tu ich, Großmama. Aber ich bin ganz durcheinander. Kurt ist ein unkonventioneller Mensch. Er paßt in

kein Schema. Er kommt mir vor wie ein sprudelnder Bergbach."
„Diese Lebendigkeit ist schön."
„Sie macht auch mich lebendig. Ich könnte tausend Pläne schmieden mit diesem Mann."
„Das hab ich gespürt. Du strahlst von innen heraus."
„Aber ich weiß, oder ich ahne es zumindest, daß Kurt anecken wird bei meinen Eltern. - Erzähl ihnen nichts, Großmama!"
„Ich werde alles für mich behalten."
„Kennst du das auch aus deiner Jugend, dieses plötzliche Verliebtsein?"
„Ja, ich habe mich bei der ersten Begegnung mit Robert in ihn verliebt. Er war ein kraftvoller lebendiger Mann. Aber dann, Kind, du weißt ja, ging alles nicht so weiter, wie ich mir es gewünscht hätte."
„Und du hast dich nie mehr verliebt?"
„Doch, jetzt, - im Alter. Er besucht mich jeden Tag."
„Ich weiß, es ist dein Hausarzt. Ich sehe ihn öfters, wenn er sein Auto vor dem Bungert parkiert und aussteigt. Ein gepflegter Herr. Er paßt zu dir, Großmama. Er hat ein feines Gesicht, und ich mag sein herbes Parfum. Das riech ich dann im Treppenhaus und denke: Was macht er so lange bei meiner Großmutter? Ist sie krank?"
Meine Großmutter lächelt.
„Ich bin nicht krank. Diese kurzen Morgenstunden, die wir zusammen verbringen, machen mich im Gegenteil gesund. Weißt du, er kann zuhören. Viel Unverarbeitetes, Schweres und Schönes aus meinem Leben kann ich mit ihm nochmals durchgehen. Und seine verhaltene Zärtlichkeit ist Balsam für meine Seele. Er ist ein sehr behutsamer Mensch. Bei dir sprudelt es, du bist jung. Mein Alter kommt mir manchmal vor wie mein geliebter Zürichsee an einem Sommertag. Die Wogen sind geglättet, die Stürme vorbei. Da liegt er freundlich glitzernd unter blauem Himmel, die Ufer sonnenbeschienen.
Leider, leider reden wir diese offene Sprache nicht miteinander, wissen aber trotzdem viel voneinander. Da ist

noch Vreni, meine Cousine. Wir sind also zu dritt am langen Eßtisch. Vreni ist bei meiner Großmutter als Gärtnerin angestellt und wohnt auch im Bungert. Sie wird von meiner Großmutter bewundert und geliebt. Nein, wir reden nicht über unsere Gefühle. Vreni und ich reden über unsere Berufe. Großmutter hört zu und manchmal erzählt sie literarische Liebesgeschichten, wie Gottfried Keller sie schreibt. Ihn mag sie ganz besonders. Doch ich weiß, daß es für sie Spannenderes gibt als Liebe aus Büchern. Ob Vreni es weiß?"

Der Traum

Um vier, ja, um vier Uhr morgens werden wir uns treffen, auf dem Hottingerplatz, er und ich. So haben wir es abgemacht.
Am Abend vorher sage ich zu meiner Großmutter: „Gibst du mir einen Hausschlüssel? Kurt und ich machen morgen in aller Frühe einen Waldspaziergang. Die Schule beginnt nämlich erst um acht."
„Und dein Frühstück, Kind?"
„Ich brauche kein Frühstück."
„Wenigstens eine Tafel Schokolade?" - Großmutter holt aus ihrem „Lindt-Sprüngli-Kästchen", wie Vreni und ich es nennen, zwei Tafeln Schokolade.
„Du schenkst mir beide?"
„Natürlich, ihr seid ja zu zweit. Viel Vergnügen!"
„Du bist ein Schatz, Großmama!"
Sie lächelt, dann sagt sie, und das höre ich nur von ihr und nehme es wie ein warmes Tuch mit mir: „bhüet di Gott, Chind."
Ich stelle keinen Wecker. Meine innere Weckuhr weckt mich pünktlich. Um vier bin ich in der Morgenfrische des anbrechenden Sommertages auf dem Hottingerplatz. Die Vögel pfeifen, die Straßen sind noch menschenleer. Wo ist er?

„Ich bin taufrisch hier! höre ich ihn rufen.
„Das bist du? Du hast hier geschlafen auf der Bank? Ich dachte, es wäre ein Landstreicher."
„Ich wollte dich auf keinen Fall verpassen."
„Hast du die ganze Nacht auf dieser kalten, harten Bank gelegen?"
„Ja und der Kastanienbaum hat mich beschützt."
„Du bist ja ganz feucht."
„Das macht nichts. Komm, wir gehen! Ich weiß einen schönen Platz im Wald."

Hand in Hand gehen wir ziemlich rasch vom Hottinger- zum Klusplatz, dann die Wittikonerstraße hinauf. Linkerhand steht an einer Wegbiegung ein altes Riegelhaus. Kurt deutet auf dieses Haus und sagt: „unser Haus." Mich durchrieselt ein wohliges Gefühl. „Ja, unser Haus!"
Im Zürichbergwald suchen wir uns einen Moosplatz an der Sonne. „Du frierst," sage ich. „Leg dich an die Sonne, damit deine Kleider trocknen."
„Und du, leg dich zu mir, ganz nahe. Siehst du dort das Reh?"
Nie werde ich dieses Reh vergessen, das Licht und die Stille im Wald, das Vogelkonzert, unser Schoggifrühstück, die unbeschwerte Fröhlichkeit, mit der wir uns begegnen können.
„Kurt, du bist ein Lebenskünstler."
„Ja, und weil ich das bin, werde ich demnächst deinen Vater aufsuchen und mit ihm reden."
„Worüber denn?"
„Daß ich dich liebe und mit dir meine Zukunft gestalten möchte. - Warum sagst du nichts?"
„Was soll ich denn sagen? - Das sind blaue Perspektiven, blaue Träume, schöne Träume. Doch ich kenne meinen Vater. Er will mich mit Otto verheiraten. Mit ihm, denkt er, würde ich das große Los ziehen."
„Warum eigentlich?"
„Er hat nun Mal die fixe Idee, daß Milieu zu Milieu passen muß. Wahrscheinlich hat er darunter gelitten, daß auch er seinerzeit nicht ins Milieu gepaßt hat."
„Ich versteh es trotzdem nicht. Hat er denn überhaupt nichts gelernt aus seiner Biographie? Es wiederholt sich so Vieles in den Familien. Das erschreckt mich. Bei mir zu Hause ist das nicht so. Wir sind unabhängiger voneinander. Einfachere Leute, wenn du so willst! Mein Vater hat Vertrauen zu mir. Er weiß, daß ich die Frau wähle, die zu mir paßt. Niemals würde er mir etwas ausreden, was ich mit dem Herzen will."
„Ich schäme mich vor dir, Kurt."

„Du brauchst dich nicht zu schämen. Aber du sollst dich frei machen von deinem Vater, deinem riesengroßen Über-Ich. Und Otto? Den liebst du doch gar nicht! - Oder macht er dir Eindruck, weil er Intellektueller, 15 Jahre älter ist als du, schon ein gemachter, gut verdienender, gut aussehender Mann? Vielleicht fühlst du dich tatsächlich geschmeichelt, daß er aus einer sogenannt vornehmen Familie kommt?"

„Es ist der Wunsch meiner Eltern. Sie üben großen Druck auf mich aus. Einerseits schenken sie mir Freiheit, andererseits kontrollieren sie mich immer da, wo es um meine eigensten Interessen und Entscheidungen geht. Es fallen dann so Bemerkungen wie: sieh zu, daß du nicht in schlechte Gesellschaft gerätst."

„Sie haben Angst um dich. Du bist ihnen zu lebendig. Sie hätten dich gerne an einem sicheren Ort: In Ottos Ehehafen.
Aber wir zwei, wir trennen uns doch nicht. Irgendwie und irgendwann wird sich das alles einrenken. Ich werde deinem Vater meine Plakate zeigen, die ich gemalt und getextet habe. Er soll sehen, wer ich bin und was ich leisten kann."
„Ich bewundere dein Selbstvertrauen, Kurt!" Wir brechen nun auf. Es wird Zeit, denn um acht muß auch Kurt in seinem Atelier sein. Wieder auf dem Hottingerplatz, umarmt er mich: „Denk daran, ich werde dir jeden Tag einen Brief schreiben, wenn ich einrücken muß."
„Weil Krieg ist?"
„Ja, weil wir Schweizer Soldaten an die Grenze müssen."
Dann springt er aufs Tram. Ich höre ihn noch rufen: „Sprich mit deiner Großmutter über alles!"
Warum eigentlich nicht? denke ich. - Sie hat die nötige Distanz zu mir und übt keinen Druck aus auf mich. - Am liebsten würde ich mich jetzt auf Kurts Schlafplatz unter den Kastanienbaum legen, den Weg zum Rhythmikse-

minar nicht einschlagen, nicht an Mobilmachung, Trennung und eventuellen Streit zwischen Vater und Kurt denken.
In der nun folgenden Rhythmikstunde bearbeitet Mimi Scheiblauer mit uns das Thema „Hoch-Tief" in der Musik und wie wir es den Kindern beibringen sollen. Ich bin zu sehr mit meinen eigenen Hochs und Tiefs beschäftigt, als daß ich vom Unterricht profitieren könnte.
Das Hoch, da, wo es Luft, Sonne, Wind, Bewegung, aber auch Sturm und Gewitter gibt, das ist für mich Kurt.
Und das Tief? Die Tiefebene, ja, das ist dann Otto. Bei ihm ist es windstill. Tödliche Stille? Schon so etwas wie Stagnation eines Erwachsenen? Vielleicht. Jedenfalls träume ich seit langem, seit Otto mir einen Heiratsantrag gemacht hat und die Eltern diese Verbindung so sehr wünschen, immer wieder denselben Traum: Draußen vor der Stadt Zürich steht ein Galgen. Irgend jemand bringt mich dorthin und ich weiß und spüre es mit einer fürchterlichen Deutlichkeit: Mein Lebensfaden wird mir abgeschnitten! Ich erwache am eigenen Schrei, schweißgebadet, mit klopfendem Herzen. Lustlos gehe ich zur Schule. Manchmal gehe ich auch nicht hin.
An diesem Morgen ruft mich Mimi Scheiblauer in der Zehnuhrpause zu sich. „Was ist los mit dir?"
„Nichts."
Ich will nicht mit ihr über mich reden.
„Du bist unpünktlich in letzter Zeit. Du gibst dir keine Mühe mehr. Es ist besser, du trittst aus dem Seminar aus, wenn du nur noch das Heiraten im Kopf hast."
„Hab ich gar nicht. Woher wissen sie..."
„Ich habe mich bei deinen Eltern nach dir erkundigt. Sie scheinen dir deinen Weg vorzuzeichnen."
„Ja, aber ich lasse es nicht geschehen und jetzt gehe ich nach Hause und rede mit meiner Großmutter."
„Gut, mach das!"
Mimi Scheiblauer muß akzeptieren, daß ich mir meine eigene Seelsorgerin aussuche.

Großmutter sitzt allein im Wohnzimmer um diese Zeit. Sie strickt an einem weißen Kinderstrumpf und schaut hin und wieder zum Fenster hinaus in den Garten. Ich setze mich zu ihr. „Du bist schon früh da", sagt sie.
„Ja, ich möchte mit dir reden."
Großmutter strickt und schweigt. Sie läßt mir Zeit.
„Großmama, gefällt dir Otto?"
„Ja, er gefällt mir. Ein wohlerzogener Mann. „Vielleicht denkt sie: „Wie Franz damals."
„Findest du, Otto würde zu mir passen?"
„Das kann ich nicht sagen. Die Antwort auf diese Frage findest du in dir selber. Achte auf deine Träume."
„Glaubst du an Träume, Großmama?"
„Ja, sehr. Du weißt doch, daß ich den Tod meines Sohnes Gregor voraus geträumt habe. Ich träume auch oft, wer mir bald einen Brief schreiben wird."
„Und ich, ich träume vom Galgen, daß mir mein Lebensfaden abgeschnitten wird."
Großmutter legt ihr Strickzeug in den Schoß, sieht mich an und sagt: „Das ist eine deutliche Botschaft, Kind. Nimm sie ernst und befolge sie, auch wenn es dich Anstrengung kostet. Löse die Verbindung zu Otto. Ich stehe auf jeden Fall zu dir."
„Du hilfst mir?"
„Ja, natürlich."
Es bedarf keiner Worte mehr zwischen uns. Das Gespräch ist abgerundet. Mir ist , als könnte ich einen schweren Rucksack einfach abwerfen und barfuß durch eine Wiese rennen.
Am Abend dieses denkwürdigen Tages teile ich meinen Eltern schriftlich mit, daß ich auf keinen Fall Otto heiraten werde. Mein Brief endet mit dem Satz: ich habe mit Großmutter über alles gesprochen, sie versteht meinen Entschluß.

Gespräche

Was ich mit Kurt erlebe, behalte ich für mich. Otto ist kein Thema mehr zwischen meinen Eltern und mir. Großmutter hat sehr wahrscheinlich einen Brief an Lucie geschrieben und sich über meine Beziehung, vielmehr meine „Nichtbeziehung" zu Otto geäußert.
Ein vertrauliches Mutter-Tochter-Gespräch kann ich mir zwischen Hanna und Lucie nicht vorstellen. Sie tauschen meistens Neuigkeiten aus, einfach das, was in der Familie so passiert. Ob sie sich je als gleichwertige Frauen berühren und wirklich voneinander wissen wollen, wer sie eigentlich sind?
Ich habe einen direkteren Zugang zu meiner Großmutter. Wenn wir über Kunst, seien es Bilder oder Literatur, miteinander reden, reden wir im Grunde über uns.
Berufliches, Lokales, Garten- und Haushaltfragen bespricht meine Großmutter mit Hedwig, ihrer ältesten Tochter. Sie wohnt im Haus nebenan und verbringt die meisten Abende in Hannas Wohnstube.
Von Frau zu Frau hat Großmutter wohl am Besten mit Alice, ihrer jüngsten Tochter, reden können. Ihr Tod muß für Hanna ein grausamer Schmerz gewesen sein. Sie hatte auch einen intensiven Briefkontakt zu Alice. Die Briefe wurden vernichtet und zwar von meinen Eltern. Sie haben sie in den Ofen gesteckt und angezündet. Da verbrennt meine Mutter einfach Zeitdokumente, die sie zufällig erbt oder sich zum Erbe macht. Ungefragt verbrennt sie Frauengeschichte. Sie erzählt es mir eines Tages, als wäre nichts dabei. Hätte ich als Enkelin nicht auch ein Anrecht auf diesen Briefwechsel? Uns später geborene Töchter interessiert nämlich, wie Frauen damals über Sexualität - und darum ging es doch - gedacht und geschrieben haben.
Du siehst, Großmama, ich hätte Fragen an dich!
Wir führen ab und zu ein Gespräch miteinander, abends in der Wohnstube, wenn deine Tochter Hedwig in einem

Konzert oder an einer Sitzung ist. Doch meistens zieht es mich hinaus in die Stadt. Zürich im Licht der Nacht! Zürich in der völligen Dunkelheit während der Verdunklungszeit! „Scho wieder, Chind?"- Das heißt: „Schon wieder ausgehen?"- sagst du oft, wenn ich mich unter der Türe von dir verabschiede."
„Ich muß gehen, Großmama, sonst, ja sonst verpasse ich das halbe Leben!"
Ich stehe nachts öfters einmal auf der Opernhausbühne. Wir Seminaristinnen spielen kleine Rollen in großen Opern, sind Hexen, Zwerge, Nixen, Pagen und dergleichen mehr. Wir tauchen in eine Welt ein, die uns verzaubert und bekannt macht mit viel Melodiösem. Noch hängen Lieder aus jener Zeit in meinem Kopf.
Die größte Faszination übt das Schauspielhaus auf mich aus. Es ist einmalig, was in Zürich passiert. Aus Deutschland emigrierte Schauspielerinnen und Schauspieler, aber auch Heinrich Gretler mit seinem Wilhelm Tell spielen klassische Stücke, als wären sie für unsere, für die Zeit des zweiten Weltkrieges geschrieben. Die Kunst lebt, wie sie schon lange nicht mehr gelebt hat. Ich atme sie ein wie die Luft und hocke beinahe in jeder Aufführung im schummerigen Theatersaal, im roten Sessel, neben meinem Freund.
Einmal, nach einer Brecht-Aufführung, in der Therese Giese die Mutter Courage spielt, sagt Kurt auf dem Heimweg zu mir: „Stell dir vor, ich wäre Soldat in Deutschland. Vielleicht würde ich gar nicht mehr leben und jetzt, es tönt geradezu pervers, jetzt profitieren wir vom Krieg. Wir profitieren davon, daß verschiedene jüdische Künstler bei uns Theater spielen. Ganz Europa beneidet uns um unser Schauspielhaus. Und ganz Europa kann uns um die eigenen Leute beneiden, die im Cornichon den Stoff der Zeit brühwarm verarbeiten, daß einem das Lachen vergehen kann."
Wir reden noch lange im Dunkeln miteinander, dankbar, daß wir keine Kriegskinder und noch immer beisammen sind.

Am nächsten Abend sind Großmutter und ich alleine im Wohnzimmer. Ich erzähle ihr von Therese Gieses Glanzrolle als Mutter Courage.
„Brecht?" - Großmutter schüttelt den Kopf.
„Er wohnt hier, in dieser Stadt. Stell dir vor, er lebt in Zürich! Warum magst du ihn nicht?"
„Ich hab nicht gern, daß er sich in einem seiner Stücke über die Heilsarmee lustig macht."
Großmutter unterstützt die Heilsarmee.
„Hast du etwas gegen ihn, weil er so offen und so direkt ist?"
„Kind, ich weiß es nicht."
„Aber du hast doch Verständnis für moderne Kunst? - Du magst Arnold Böcklin. Der war zu seiner Zeit auch modern."
„Ja."
„Er hat auch viele Tabus durchbrochen, wie Brecht."
„Brecht stellt die reale Welt dar und zeigt sie in ihrer ganzen Nacktheit. - Böcklin malte Träume, Sehnsüchte, die Natur und den Tod. Er mußte sich ein ganzes Leben lang mit dem Tod befassen, ob er wollte oder nicht. Es sind ihm von vierzehn Kindern acht gestorben. Und weißt du, ich kannte Frau Böcklin. Sie hat ihren Mann mit siebzehn Jahren geheiratet und sie ist mutterlos aufgewachsen."
Ich verstehe: Großmutter fühlt sich verbunden mit all den Menschen, die auch einsame Wege gehen oder gegangen sind. Menschen, die gelitten und trotzdem ihr Leben gestaltet haben.
„Großmama, was soll ich in Zukunft machen?" frage ich sie direkt an diesem Abend.
„Du? - Du hast ja einen Beruf. Ich hatte keinen, konnte meinen Wissensdurst nirgends stillen. Was ich weiß, habe ich mir selber zusammengekratzt, da, wo es etwas zu holen, zu lernen, zu erfahren gab."
„Großmama, hier in der Schweiz kann ich meinen Beruf nicht ausüben. Er ist nicht anerkannt, somit nicht brauchbar. Ich müßte eidgenössisch diplomierte Turn-

lehrerin sein, wollte ich eine Stelle finden. Mimi Scheiblauer hat uns Stellen versprochen im Ausland. Doch jetzt sind die Grenzen zu. Niemand hat Geld für einen Beruf, der als Luxusberuf gilt."
„Was machen denn die anderen? Deine Kolleginnen?"
„Sie wissen es auch nicht. Die meisten bilden sich weiter in Musik oder Tanz. Doch das ist nicht mein Weg. Ich möchte mit Kindern zu tun haben."
„Und deine Schauspielstunden?"
„Du weißt also, wohin mein Taschengeld wandert?"
„Ja, ich dachte mir schon lange, du würdest eine Ausbildung machen. Ich höre dich Gedichte aufsagen, manchmal im Badezimmer, manchmal auf dem Clo, ich nehme an, weil es dort so schön hallt. Du hast Schiller rezitiert: Lebt wohl ihr Berge, ihr geliebten Triften. Ihr traulich stillen Täler, lebet wohl..."
„Du kennst den Text?"
„Nur dieses kleine Stück noch. Den ganzen Monolog habe ich seinerzeit in der Schule auswendig gelernt. Die Jungfrau von Orleans hat mich schon immer sehr beeindruckt. Hier, an dieser Stelle, nimmt sie Abschied, läßt ihre Kindheit zurück, ihr Tal, die Berge, die Schafe. Es mutet mich an wie ein Psalm. Bitte, lies mir das Ganze noch einmal."
Ich hole mein Reclam-Bändchen und langsam und deutlich spreche ich Wort für Wort aus, damit meiner Großmutter, damit auch mir nichts entgeht von der Süße und der Schwere dieses Textes. Dann steht Großmutter vom Stuhl auf. „Ich gehe jetzt zu Bett", sagt sie. „Laß uns morgen über deine Zukunft reden. Bhüet di Gott, Chind!" - Und aufrecht, sehr aufrecht verläßt sie das Zimmer.

Abschied von Mimi und wie soll es weitergehen?

„Sagenhaft, wie das heute zu und her geht," sagt am nächsten Tag Ella zu mir. Wir stehen am Bellevue. Ella deutet auf die Straße. „Sieh dir das an, diese Unruhe diese allgemeine Verwirrung: Genfer Autos rasen in die Ostschweiz, St. Gallernummern nach Genf. Es sind wohl die Herren Offiziere, die ihre Familien evakuieren. Mein Vater will auch auswandern, will zurück nach Athen. Soll er doch gehn! Er ist schließlich Grieche. Es ist mir recht, wenn er geht. Vielleicht hab ich dann endlich Ruhe unter meiner Bettdecke. Ich kann Ruhelosigkeit nicht mehr ausstehen. Du allein weißt, warum ich ihn loswerden will. Nur darfst du es niemandem sagen. Niemandem, hörst du! Sonst geschieht es noch, das Schreckliche, womit er mir schon immer gedroht hat."
„Du meinst. . ?"
„Ja, das mein ich. Er bringt sich um, noch bevor er auswandert und dann, dann wäre ich schuld daran."
„Hast du nie mit deiner Mutter darüber geredet?"
„Mit meiner Mutter über so etwas reden! Du bist gut! Ich kann dir sagen: wäre diese Frau auch nur eine Spur hellhörig gewesen, hätte sie es längst wissen müssen, hab ich ihr doch schon als Kind gesagt: Mami, ich will eine Hure werden. ---- Erinnerst du dich an die Confektschale im Schlafzimmer meiner Eltern? Ich hab sie dir gezeigt. Immer, wenn er ein schlechtes Gewissen hatte, war sie voll mit den teuersten Pralinen von Sprüngli. Und sie, sie hat das scheinbar nie hinterfragt. Übrigens will sie auch weg, nach Berlin. Sie bangt um ihre Verwandten. Was wird aus mir, wenn sich bei uns alles auflöst?"
„Könntest du nicht bei deiner Schwester wohnen und für dein Klavierdiplom arbeiten? Du hättest mindestens ein Ziel vor Augen."
„Du meinst, weiterhin acht Stunden Klavier üben am Tag? Nein danke! Diesen rosaroten Traum habe ich aus-

geträumt. Ich habe beschlossen, Elias, den jüdischen Musiker, nun doch zu heiraten.
Weißt du, den, den ich in der Oper kennen gelernt habe. Ich bin daran, mir meine Papiere zu besorgen. Wir wandern aus nach Amerika."
Ich stehe da, wie vom Blitz getroffen. „So plötzlich werde ich dich verlieren?"
„Ja, so plötzlich. Wir leben in unsicheren Zeiten. Da kann sich alles schlagartig ändern. Es hat keinen Sinn, sich darüber Gedanken zu machen. Heute, jetzt sind wir ja noch beisammen."
„Ich weiß, du kannst loslassen, viel besser als ich."
„Stimmt, ich kann das und es hat seinen Grund. Alles hat seinen Grund. Ich hänge nicht am Leben. Aber ich weiß, daß dir meine Todessehnsucht Angst macht. - Komm, nun kaufen wir dort drüben im Blumenladen den Rosenstrauß für Mimi Scheiblauer. Eigentlich komisch, daß sie uns in der langen Seminarzeit nur ein einziges Mal zu sich eingeladen hat. Was gab es damals?"
„Eine Fondue."
„Richtig, es gab Fondue. Es war Winterzeit. Und jetzt ist Osterzeit. Was wird sie uns zum Abschied servieren?"
Zu unserer großen Überraschung hat Mimi in ihrem kleinen weißen Haus am See den Tisch festlich und überaus reichlich für uns gedeckt.
Ella flüstert mir zu: „Sie doch, sie hat sogar Osterkuchen für uns gebacken, Eier gefärbt, Blumen aus dem Garten geholt und ihr bestes Kleid angezogen."
In diesem besten Kleid mit der goldenen Kette schenkt uns Mimi Kaffee ein. Kaffee, so viel wir wollen aus einem silbernen Krug. Und sie hält uns eine Abschiedsrede.

Anstatt ihren Worten zuzuhören, denke ich darüber nach, warum sie nicht geheiratet hat. Und ich wende mich der Außenwelt zu: dem Plätschern der Wellen, der leichten Brise, die durch ein halb geöffnetes Fenster zu uns herein strömt, dem Schreien der Möwen. - Vielleicht

braucht Mimi wirklich keinen Mann. Dies hier ist ihre Welt, in der sie ihre Identität gefunden hat. Wie oft hat sie gesagt, sie könne nur hier ihre Stunden vorbereiten. Die Belebtheit des Wassers, Sonne, Nebel, Farbtöne, Geräusche, Gerüche, alles, was mit dem See verbunden sei, würde ihr das geben, was sie zum Arbeiten brauche. Und Arbeit sei ihr Leben. Niemals könnte sie auf einem Berg schreiben, komponieren oder improvisieren auf dem Klavier.
Niemals auf einem Berg? - O doch! Ich brauche den Berg, brauche auch den See und nehme ungern Abschied von ihm.

Mimi schlägt noch ein Abendlied vor. Die untergehende Sonne vergoldet das Wasser. Wir singen: „der Mond ist aufgegangen." Dann trennen wir uns voneinander. Ella begleitet mich bis zum Hottingerplatz. Unterwegs sagt sie: „Ob Mimi überhaupt weiß, wer ich bin? Daß ich die beste Tänzerin war von euch allen, am besten Klavier spielen konnte, liegt auf der Hand. Aber alles andere? Mimi mit ihrem strengen Sittenkodex. Sie hatte keine Ahnung, wie es bei mir zu Hause war. Das mit dem Vater? Sie hätte es mir nie geglaubt. Abgesehen davon: ich hätte nicht mit ihr darüber reden wollen. Und was sich in den heiligen Hallen des Konservatoriums abspielte. Das hätte sie mir am allerwenigsten geglaubt. Ich muß weg von hier, muß Abschied nehmen von allem."
„Auch von mir?"
„Auch von dir. In Amerika will ich mir ein neues Leben aufbauen. Vielleicht gelingt es mir mit Elias. Nichts soll mich mehr an Zürich binden und erinnern. Gar nichts. - Leb wohl und, -- und vergiß mich!"
Eine kurze, innige Umarmung, dann steigt Ella ins nächste Tram ein, fährt fort, verschwindet aus meinem Leben. Für immer. Ich werde sie nie mehr sehen, nie mehr etwas von ihr hören. Mir ist ganz seltsam zu Mute, so, als hätte ich die Begegnung mit ihr nur geträumt.

Zu Hause wartet Großmutter auf mich. Am liebsten würde ich ihr alles erzählen über Ella. Doch ich habe Schweigen versprochen. Also schweige ich. Was hat Großmutter, was hat Mutter nicht alles verschwiegen! Der stumme Mund der vielen Töchter!

Kleines Fenster in die Zukunft

„Kind", sagt meine Großmutter, „ich habe eine gute Nachricht für dich. Während du Abschied gefeiert hast, telefonierte ich mit der Firma deines Großvaters, das heißt mit dem Direktor der Firma. Er und ich sind derselben Meinung. Wir möchten Rotkreuzkinder unterstützen. Kinder, die aus Frankreich in die Schweiz geschickt werden, um sich hier von den Strapazen des Krieges etwas erholen zu können. Mir wird es nicht möglich sein, Kinder in meinem Haus zu beherbergen. Dazu bin ich zu alt. Mein Leben verläuft in stillen Bahnen und Kinder sollten mit jungen Menschen zusammen sein. Könntest du die Betreuung übernehmen, - vielleicht in euerem Bergferienhaus?"
„Natürlich kann ich das, Großmama. Es ist genau das Richtige für mich. Das mach ich sooo gern. Und ich bin weiß Gott froh, vor meinen Vater hintreten und sagen zu können: Ich habe eine Arbeit."
„Auch wenn es unbezahlte Arbeit ist?"
„Ja, auch wenn ich nichts dabei verdiene. Mit den monatlichen vierzig Franken, die mir Mutter gibt, komme ich zurecht. Ich werde den ganzen Sommer über mein blaues Trachtenkleid anziehn. Das spart Geld."
„An Arbeit wird es dir bestimmt nicht fehlen. Die Firma spendet tausend Franken für vier Kinder. Und ich lege fünfhundert Franken dazu für ein Kind. Somit hättest du fünf Kinder zu versorgen. Traust du dir das zu?"
„Ich traue es mir zu, Großmama. Und wenn ich Hilfe brauche, kann ich meine Freundinnen um Rat fragen."
„Und dein Freund? Gibt es ihn noch?"
„Interessierst du dich für mein Leben, wie es weiter geht?
„Ja, sehr."
„Es gibt ihn noch, Großmama, den Freund und ausgerechnet im Toggenburg. Dort macht er Militärdienst."
„Dann wird er dich besuchen?"

„Das nehme ich an, das hoffe ich. - Du mußt aber keine..."
„Ich habe keine Angst. Du handelst in eigener Verantwortung. Ich vertraue dir und, ja, das wollte ich dir noch sagen: Du kannst hier bleiben, bis deine Franzosenkinder kommen, so lange du willst. Laß dir Zeit mit dem Abschied. Meine Türe steht dir offen, dein Bett ist immer da für dich."
„Ich danke dir, Großmama. Ich danke dir für alles. Ein kleines Fenster in die Zukunft ist besser als Arbeitslosigkeit!"
„Bhüet di Gott, Chind."
Sie geht zur Türe, dreht sich aber noch einmal um: „Kannst du das Unser Vater französisch beten?"
„Nein, das kann ich nicht."
„Gut, dann werde ich es für dich aufschreiben."
Schreiben, schreiben! - Großmutter hat das Gebet für mich aufgeschrieben in ihrer feingestochenen Schrift. Sie kauft mir auch das Heidibuch in französischer Sprache. Ich solle es den Kindern vorlesen.
Geschichten! - Wird die Heidigeschichte verwoben sein in französische Geschichten, die ich noch nicht kenne, die auf mich zu kommen, die bestimmt auch Großmama interessieren?
Ihre, Hannas Geschichte, geht weiter. Lucies, meiner Mutter Geschichte, findet ihre Fortsetzung. Es passieren Wiederholungen, schmerzliche und schöne.
Kurt hat seine Geschichte, Hans die seine, Rosa, Lettice, meine Freundinnen, meine Geschwister die ihren. Und Ella! Ellas Geschichte?
Geschichten führen auseinander und sie führen zusammen. Geschichten können sich verlieren wie Spuren im Sand. Geschichten werden weitererzählt, verändert, angereichert mit Neuem, verziert oder verzerrt bis zur Unkenntlichkeit. Es gibt die verschwiegenen Geschichten und die Vergessenen können plötzlich wieder auftauchen. Erfundene Geschichten sind oft viel schöner als die Wirklichkeit.

Wir teilen Geschichten ein in Jugend, Mittelalter, Alter. Und wenn wir einen Lebensblock hinter uns haben, denken wir, nun sei etwas abgerundet.
Einen Schlußpunkt setzen unter die Hanna-Lucie-Ursula-Geschichte oder weitererzählen? Mal sehen!

Über die Autorin

Ursula Geiger, geboren in Beggingen (Kt. Schaffhausen). Lebt heute in Tenniken (Baselland)
Ausbildung als Rhythmiklehrerin am Konservatorium in Zürich.
Heirat mit dem Theologen Max Geiger.
Gründung eines Kindertheaters und Aufführung eigener zeitkritischer Stücke in verschiedenen Städten und Dörfern.
In der Basler Frauentheaterwoche Auftritt im Stadttheater mit dem eigenen Stück „7 Fraue!"
Verschiedene Arbeiten im Rundfunk.

Weitere Veröffentlichungen:

SJW-Heft über die Flüchtlingsmutter Gertrud Kruz
Jugendbuch „Komm bald, Christine"
Roman „Irgendwo dazwischen"
Noch immer Leim an meinen Sohlen? Lebenserinnerungen II, Weissach i. T. 1998

EDITION EISVOGEL
IM ALKYON VERLAG

Gerhard Staub, In König Hanichs Reich. Märchenroman
144 S., 10 Ill., DM 16,80 ÖS 123,- SFR 16,00. 3-926541-00-8
Eduardo Lombron del Valle, Die Stadt und die Schreie.
Roman in 22 Erzählungen
120 S., 9 Abb., DM 16,80 ÖS 123,- SFR 16,00. 3-926541-01-6
Jutta Natalie Harder, Der verlorene Apfelbaum
Eine Pfarrhauskindheit in der Mark. 2. Auflage
168 S., 2 Ill., DM 18,80 ÖS 137,- SFR 18,00. 3-926541-03-2
Zacharias G. Mathioudakis, Unter der Platane von Gortyna
Kretische Prosa und Lyrik. 3. Auflage 1995
96 S., 4 Ill., DM 16,80 ÖS 123,- SFR 16,00. 3-926541-05-9
Christa Hagmeyer, Bewohner des Schattens. Kurze Prosa
96 S., 8 Ill., DM 18,80 ÖS 137,- SFR 18,00. 3-926541-06-7
Anne Birk, Der Ministerpräsident. Bernies Bergung. 2 Erzn.
168 S., 5 Ill., DM 18,80 ÖS 137,- SFR 18,00. 3-926541-09-1
Kay Borowsky, Der Treffpunkt aller Vögel. Gedichte
96 S., 6 Abb., DM 17,80 ÖS 130,- SFR 17,00. 3-926541-10-5
Margarete Hannsmann, Wo der Strand am Himmel endet
Griechisches Echo. Gedichte Neugriechisch-Deutsch.
Übertragen von Dimitris Kosmidis. 144 S., 10 Abb.
DM 22,80 ÖS 166,- SFR 21,00. 3-926541-11-3
Lisa Ochsenfahrt, Ohne nennenswerten Applaus. Kurze Prosa
96 S., 5 Abb., DM 17,80 ÖS 130,- SFR 17,00. 3-926541-12-1
Ulrich Zimmermann, Ins weiche Holz des Balkens
Von vernagelten Horizonten und anderen Hämmern
96 S., 5 Abb., DM 17,80 ÖS 130,- SFR 17,00. 3-926541-23-7
Justo Jorge Padrón, In höllischen Sphären. Gedichte
Spanisch und Deutsch. Übertragen von Rudolf Stirn
144 S., 3 Abb., DM 20,80 ÖS 152,- SFR 19,00. 3-926541-24-5

Kleine ALKYON Reihe

M. Gernoth, Die Bitterkeit beim Lachen meiner Seele. Ged.
80 S., 4 Abb., DM 16,80 ÖS 123,- SFR 16,00. 3-926541-13-X
Michail Krausnick, Stichworte. Satiren, Lieder und Gedichte
80 S., 5 Abb., DM 16,80 ÖS 123,- SFR 16,00. 3-926541-14-8
Dimitris Kosmidis, Der Muschel zugeflüstert. Gedichte
80 S., 6 Abb., DM 16,80 ÖS 123,- SFR 16,00. 3-926541-18-0

Bruno Essig, Ruhige Minute mit Vogel. Gedichte
80 S., 5 Abb., DM 16,80 ÖS 123,- SFR 16,00. 3-926541-19-9
Anne Birk, Das nächste Mal bringe ich Rosen. Erzählung
130 S., 3 Abb., DM 16,80 ÖS 123,- SFR 16,00. 3-926541-20-2
Jürgen Kornischka, Nacht im Flügelhemd
80 S., DM 16,80 ÖS 123,- SFR 16,00. 3-926541-22-9
Irmtraud Tzscheuschner, Ines Konzilius. Roman
144 S., 8 Abb., DM 16,80 ÖS 123,- SFR 16,00. 3-926541-21-0
Peter Kastner, In Fabel-Haft
120 S., 4 Abb., DM 16,80 ÖS 123,- SFR 16,00. 3-926541-26-1
Ingeborg Santor, Amsellied und Krähenschrei. Gedichte
80 S., 1 Abb., DM 16,80 ÖS 123,- SFR 16,00. 3-926541-32-6
Rudolf Stirn, Die Hürde des Lichts. Roman
130 S., 12 Ill., DM 18,00 ÖS 131,- SFR 17,00. 3-926541-33-4
Olaf Reins, Das zweite Leben des Herrn Trill. Geschichten
130 S., 3 Abb., DM 19,80 ÖS 145,- SFR 19,00. 3-926541-39-3
Imre Török, Ameisen und Sterne
Märchen und andere wahre Geschichten. 3. Aufl. 1999
132 S., 1 Abb., DM 16,80 ÖS 123,- SFR 16,00 3-926541-49-0
Bernd Hettlage, Wie ich Butterkönig wurde. Erzählungen
132 S., 1 Abb., DM 16,80 ÖS 123,- SFR 16,00 3-926541-54-7
Gerhard Staub, Sternenflug. Erzählungen
148 S., 15 Abb., DM 18,80 ÖS 137,- SFR 18,00 3-926541-58-X
Olaf Reins, Waterhouse. Erzählungen
172 S., 1 Abb., DM 19,80 ÖS 145,- SFR 19,00 3-926541- 78-4

Junge ALKYON Serie

Paß gut auf alle Menschen auf. Gedichte zum Jahreswechsel
Anthologie der Kl. 7 Max-Born-Gymnasium Backnang
80 S., 8 Abb., DM 14,80 ÖS 108,- SFR 14,00. 3-926541-27-X
Lotte Betke, Das Lied der Sumpfgänger, Erzählung
130 S., 7 Abb., DM 16,80 ÖS 123,- SFR 16,00. 3-926541-34-2
Klaudia Barisic, Ich möchte das Meer sehen, Prosatexte
96 S., 3 Abb., DM 18,80 ÖS 137,- SFR 18,00. 3-926541-36-9
Monika Eisenbeiß, Kinder, Chaos und ein Koch
Geschichten aus dem Familien-Archipel
144 S., 1 Abb., DM 16,80 ÖS 123,- SFR 16,00. 3-926541-37-7
Lotte Betke, Wir würden's wieder tun. Erzählung
182 S., 6 Abb., DM 19,80 ÖS 145,- SFR 19,00. 3-926541-38-5

Signe Sellke (Hrsg.), Engel sind keine Einzelgänger
Texte von Kindern der Scherr-Grundschule Rechberg
80 S., 27 Abb., DM 14,80 ÖS 108,- SFR 14,00. 3-926541-41-5
Manfred Mai, Hinter der Wolke. Roman
130 S., 3 Ill., DM 16,80 ÖS 123,- SFR 16,00. 3-926541 42-3
Irmela Brender, Fünf Inseln unter einem Dach
178 S., DM 19,80 ÖS 145,- SFR 19,00. 3-926541-47-4
Manfred Mai, Mut zum Atmen. Jugendroman
128 S., 1 Abb., DM 16,80 ÖS 123,- SFR 16,00 3-926541-50-4
Martin Beyer, Fragezeichen. Erzählung
178 S., DM 19,80 ÖS 145,- SFR 19,00 3-926541-52-0
Lotte Betke, Rotdornallee
108 S., 5 Abb., DM 14,80 ÖS 108,- SFR 14,00 3-926541-59-8
Rudolf Stirn, Der Weg nach Nurmiran. Märchenroman
250 S.,18 Abb., DM 19,80 ÖS 145,- SFR 19,00 3-926541-67-9
Lotte Betke, Lampen am Kanal
118 S., 5 Abb., DM 14,80 ÖS 108,- SFR 14,00 3-926541-68-7
Andreas Pesch, Bosniens Herz ist groß und nahErzn. 2. Aufl. 1999
135 S., 1 Abb., DM 16,80 ÖS 123,- SFR 16,00 3-926541-76-8
Udo Straßer, Der Sternenskorpion. Erzählung
132 S., 4 Abb., DM 16,80 ÖS 123,- SFR 16,00 3-926541-86-5
Joachim Hoßfeld, Aus dem Tagebuch des Katers Brandner
134 S., 12 Abb., DM 19,80 ÖS 145,- SFR 19,00 3-926541-89-X
Sylvia Frey/Julia Kaufmann, Ute eckt an.
Erzählung aus Klasse 8 Max-Born-Gymnasium Backnang
84 S., 3 Abb., DM 16,80 ÖS 123,- SFR 16,00 3-926541-97-0
Sylvia Keyserling, Im Baum sitzt ein Koalabär
132 S., 7 Ill., DM 18,80 ÖS 137,- SFR 18,00 3-933292-00-X
-.-
E. Marheinike, Das Backnanger Hutzelmännchen
120 S., 5 Ill., DM 16,00 ÖS 117,- SFR 15,00. 3-926541-04-0
Gerold Tietz, Satiralien. Berichte aus Beerdita
96 S., DM 17,80 ÖS 130,- SFR 17,00. 3-926541-08-3
A. Birk u.a.(Hrsg.), Beifall für Lilith. Autorinnen über Gewalt
185 S., DM 18,80 ÖS 137,- SFR 18,00. 3-926541-17-2
Rud. Stirn, Faustopheles und Antiphist. Ein FAUST-Palindram
188 S., DM 20,00 ÖS 146,- SFR 19,00. 3-926541-25-3
Wjatscheslaw Kuprijanow, Das feuchte Manuskript. Roman
144 S., 5 Ill., geb. DM 26,00 ÖS 190,- SFR 24,00.3-926541-15-6
Rudolf Stirn, Wie ein Licht aufzuckt. Ein Josef-K.-Roman
112 S., DM 16,00 ÖS 117,- SFR 15,00. 3-926541-29-6

Lotte Betke, Feuermoor oder Sieh dich nicht um. Roman
180 S., DM 19,80 ÖS 145,- SFR 19,00. 3-926541-28-8
Christa Hagmeyer, Auf unsern Nebelinseln. Gedichte
90 S., 3 Abb., DM 17,80 ÖS 130,- SFR 17,00. 3-926541-31-8
Helga Meffert, Orang-Utan oder Die Wurzeln des Glücks. Erz.
80 S., 2 Abb., DM 16,80 ÖS 123,- SFR 16,00. 3-926541-30-X
Rudolf Stirn, Menetekel, Abgesang. Ein FAUST-II-Palindram
130 S., DM 18,00 ÖS 131,- SFR 17,00. 3-926541-35-0
michael fleischer, selbstgespräche monoton
148 S., DM 22,80 ÖS 166,- SFR 21,00. 3-926541-40-7
Miodrag Pavlovic, Die Tradition der Finsternis. Gedichte
96 S., DM 18,80 ÖS 137,- SFR 18,00. 3-926541-43-1
Johannes Poethen, Das Nichts will gefüttert sein
Fünfzig Gedichte aus fünfzig Jahren. Klappenbroschur
64 S., DM 18,80 ÖS 137,- SFR 18,00. 3-926541-45-8
Hans Klein, Diese Erde. Gedichte
80 S., DM 16,80 ÖS 123,- SFR 16,00. 3-926541-46-6
Dimitris Kosmidis, Die Botschaft der Zikaden. Ged.
Kl.broschur
96 S., 9 Abb., DM 22,80 ÖS 166,- SFR 21,00. 3-926541-48-2
Heinz Angermeier, Gesichter der Landschaft. Landschaften
des Gesichts. Lyrische Texte. Klappenbroschur
64 S., 3 Abb., DM 20,80 ÖS 152,- SFR 19,00 3-926541-51-2
Rudolf Stirn, Anton Bruckner wird Landvermesser. Roman
156 S., DM 22,00 ÖS 161,- SFR 20,00 3-926541-53-9
Wolfgang Kaufmann, Bonjour Saigon. Roman
Ln. geb., 240 S., DM 36,00 ÖS 263,- SFR 33,00 3-926541-55-5
Conrad Ceuss, Wohl- und Übeltaten des Bürgers Borromäus
148 S., DM 16,80 ÖS 123,- SFR 16,00 3-926541-56-3
Ursula Geiger, Die Töchter in der Zeit der Väter. Erinnerungen I der Enkelin des Schweizer Theologen Hermann Kutter
3. Auflage
132 S., DM 16,80 ÖS 123,- SFR 16,00 3-926541-57-1
Sergio Chejfec, Geografie eines Wartens. Roman
Aus dem argentin. Spanisch v. Karin Schmidt
164 S., DM 22,00 ÖS 161,- SFR 20,00 3-926541-60-1
Christa Hagmeyer, Unterm Schattendach
Geschichten zwischen Tag und Traum
94 S., DM 17,80 ÖS 130,- SFR 17,00 3-926541-61-X
Armin Elhardt, Das Blinzeln des Abendsterns. Prosa
94 S., DM 17,80 ÖS 130,- SFR 17,00 3-926541-62-8

Katharina Ponnier, Die Grille unter dem Schellenbaum. Roman
230 S., DM 22,80 ÖS 166,- SFR 21,00 3-926541-63-6
Wjatscheslaw Kuprijanow, Eisenzeitlupe. Gedichte. Broschur
   Im Februar 1997 auf Platz 1 der SWF-Bestenliste
92 S., 3 Abb. DM 18,80 ÖS 137,- SFR 18,00 3-926541-64-4
Matthias Kehle, Vorübergehende Nähe. Gedichte. Broschur
82 S., 1 Abb. DM 16,80 ÖS 123,- SFR 16,00 3-926541-65-2
Widmar Puhl, Wo der Regenbaum stand. Gedichte. Broschur
74 S., DM 16,80 ÖS 123,- SFR 16,00 3-926541-66-0
Marianne Rentel-Bardiau, La promeneuse / Die Spaziergängerin
Gedichte Französ.-Dtsch. Übertr. v. Reinhard Walter. Broschur
80 S., DM 18,80 FFR 58,00 ÖS 137,- SFR 18,00 3-926541-69-5
Ralf Portune, Den Überlebenden. Gedichte. Broschur
76 S., DM 17,80 ÖS 130,- SFR 17,00 3-926541-70-9
Alexander Ruttkay, Ein Fremder kehrt zurück. Roman
123 S., 3 Abb., DM 19,80 ÖS 145,- SFR 19,00 3-926541-71-7
Angelika Stein, Indische Stimmen. Erzählung. 2. Aufl. 1999
72 S., 1 Abb., DM 17,80 ÖS 130,- SFR 17,00 3-926541-72-5
   Winfried Hartmann, Nachtgeflüster. Gedichte
95 S., DM 18,80 ÖS 137,- SFR 18,00 3-926541-73-3
  Rolf Augustin, Diesseits und jenseits der Grenze
          Kurze Prosatexte. Broschur.
83 S., 1 Abb., DM 18,80 ÖS 137,- SFR 18,00 3-926541-74-1
Ulrich Maria Lenz, Irgendein Tag in der Zeit. Gedichte
121 S., 1 Abb., DM 19,80 ÖS 145,- SFR 19,00 3-926541-75-X
Lotte Betke, Inmitten der Steine. Gesammelte Gedichte
77 S., 1 Abb., DM 17,80 ÖS 130,- SFR 17,00 3-926541-77-6
       Jan Wagner, Beckers Traum. Erzählung
81 S. DM 16,80 ÖS 123,- SFR 16,00 3-926541-79-2
Wolfgang Andreas Harder, Schattenlauf im Fluß. Gedichte
87 S., 4 Abb. DM 18,80 ÖS 137,- SFR 18,00 3-926541-80-6
       Gerold Tietz, Böhmische Fuge. Roman
168 S., 4 Abb., DM 19,80 ÖS 145,- SFR 19,00 3-926541-81-4
Anne C. Krusche, Wie ein Mantel aus Schnee. Roman. 2. Aufl.
214 S. DM 22,80 ÖS 166,- SFR 21,00 3-926541-82-2
Joachim Hoßfeld, Steigen und Stürzen. Ein Bericht
164 S., DM 19,80 ÖS 145,- SFR 19,00 3-926541-83-0
       Marc Degens, Vanity Love. Roman
286 S., 1 Abb. DM 24,80 ÖS 181,- SFR 23,00 3-926541-84-9
Wassilis Ellanos, Hier meine Erde. Chorischer Hymnus
80 S., 13 Abb., DM 19,80 ÖS 145,- SFR 19,00 3-926541-85-7

U.+ G. Ullmann-Iseran, Die Rückkehr der Schwalben. Roman
148 S., 12 Abb., DM 22,80 ÖS 166,- SFR 21,00 3-926541-87
Rudolf Stirn, Mörike, der Kanzler, Kleiner und Ich. Capriccio
111 S., DM 18,80 ÖS 137,- SFR 18,00 3-926541-88-1
Walter Aue, Der Stand der Dinge. Neue Gedichte
84 S., DM 18,80 ÖS 137,- SFR 18,00 3-926541-90-3
Anita Riede, Ein Fingerhut voll Licht. Gedichte
67 S., DM 17,80 ÖS 130,- SFR 17,00 3-926541-91-1
Knut Schaflinger, Der geplünderte Mund. Gedichte
99 S., DM 19,80 ÖS 145,- SFR 19,00 3-926541-92-X
Sonja Maria Decker, Das Dunkel zwischen den Lichtern. Roman
348 S., DM 24,80 ÖS 181,- SFR 23,00 3-926541-93-8
Stefanie Kemper, Herrn Portulaks Abschied. Erzählungen
84 S., DM 18,80 ÖS 137,- SFR 18,00 3-926541-94-6
Ingeborg Santor, Schlafmohntage. Erzählungen
91 S., DM 18,80 ÖS 137,- SFR 18,00 3-926541-95-4
Martin Beyer, Nimmermehr. Roman
109 S., DM 18,80 ÖS 137,- SFR 18,00 3-926541-96-2
Wjatscheslaw Kuprijanow, Wie man eine Giraffe wird. Gedichte
Russisch-Deutsch. 3. veränderte u. erweiterte Aufl.
133 S., DM 22,80 ÖS 166,- SFR 21,00 3-926541-98-9
Rudolf Stirn, Der Gedankengänger. Roman
84 S., DM 18,00 ÖS 131,- SFR 17,00 3-926541-99-7
Anneliese Vitense, Sieben blaue Bäume.
Gesammelte Gedichte. 2. Auflage 1999
108 S., 5 Ill., DM 18,80 ÖS 137,- SFR 18,00 3-933292-01-8
Mehmet Şekeroğlu, Das Ohrenklingeln. Erzählungen
150 S., DM 19,80 ÖS 145,- SFR 19,00 3-933292-02-6
Klára Hurková, Fußspuren auf dem Wasser. Gedichte u. Texte
64 S., DM 17,80 ÖS 130,- SFR 17,00
Ursula Geiger, Noch immer Leim an meinen Sohlen?
Lebenserinnerungen II der Enkelin des
Schweizer Theologen Hermann Kutter
132 S., DM 18,80 ÖS 137,- SFR 18,00 3-933292-04-2
Renate Gleis, Biografie des Abschieds. Prosa und Gedichte
95 S., DM 18,80 ÖS 137,- SFR 18,00 3-933292-05-0
Margaret Kassajep, Der Pirol beendet sein Lied. Gedichte
80 S., DM 17,80 ÖS 130,- SFR 17,00 3-933292-06-9
Rosmarie Schering, Taumle ich? Erzählungen
100 S., DM 18,80 ÖS 137,- SFR 18,00 3-933292-07-7

Wassilis Ellanos, Wenig Licht und ein Fremder. Gedichtzyklus
Griechisch-Deutsch
88 S., 12 Abb., DM 22,80 ÖS 166,- SFR 21,00 3-933292-08-5
Walter Neumann, Eine Handbreit über den Wogen. Baltisch. Gesch.
122 S., 4 Abb., DM 19,80 ÖS 145,- SFR 19,00 3-933292-09-3
Hansjürgen Bulkowski, Hellers Fall. Erzn. aus dem Gedächtnis
115 S., 3 Abb., DM 18,80 ÖS 137,- SFR 18,00 3-933292-10-7
Abdullah Kraam, Blume Erde. Gedichte
80 S. DM 17,80 ÖS 130,- SFR 17,00 3-933292-11-5
Wolfgang Hoya, Manchmal, morgens. Gedichte
64 S., 3 Abb., DM 17,80 ÖS 130,- SFR 17,00 3-933292-12-3
Mathias Jeschke, Windland. Gedichte
86 S. DM 17,80 ÖS 130,- SFR 17,00 3-933292-13-1
Insa Wenke, Der Unbekannte im Watt. Erzählungen
124 S., 3 Abb. DM 18,80 ÖS 137,- SFR 18,00 3-933292-14-X
Peter Schweickhardt, Der Seniorenpreis. Erzählungen
120 S., 1 Abb., DM 18,80 ÖS 137,- SFR 18,00 3-933292-15-8
Dinu Amzar, In Sätzen In Ketten. Gedichte
116 S., 3 Abb., DM 18,80 ÖS 137,- SFR 18,00 3-933292-16-6
Jutta Natalie Harder, Der wiedergefundene Apfelbaum.
Auf der Reise zu mir selbst
296 S., 3 Abb., DM 22,80 ÖS 166,- SFR 21,00 3-933292-17-4
Alexander Bertsch, Die endliche Reise. Roman
240 S., DM 29,80 ÖS 218,- SFR 27,50 3-933292-18-2
Imre Török, Cagliostro räumt Schnee am Rufiji. Geschichten
Veränderte und erweiterte Neuausgabe
130 S., 3 Abb., DM 18,80 ÖS 137,- SFR 18,00 3-933292-19-0
Wjatscheslaw Kuprijanow, Der Schuh des Empedokles. Roman
Neuausgabe
198 S., 3 Abb., DM 26,00 ÖS 190,- SFR 24,00 3-933292-20-4
Kuprijanow, W./Lipnewitsch, V./ Kollessow, J. u.a.,
Wohin schreitet die Pappel im Mai?
Anthologie moderner russ. Lyrik. Russisch-Deutsch
128 S., 3 Abb., DM 22,80 ÖS 166,- SFR 21,00 3-933292-21-2
L. da Vinci, Profezie/Prophezeiungen.
Italienisch - Deutsch. Neuausgabe
Übersetzt und m. ein. Essay herausgegeben von Klaus Weirich.
113 S., 3 Abb., DM 22,80 ÖS 166,- SFR 21,00 3-933292-22-0
Tibor Zalán, és néhány akvarell / und einige aquarelle
Versek / Gedichte Ungarisch - Deutsch, übertr. von Julia Schiff
97 S., o.Abb., 3-933292-23-9 DM 18,80 ÖS 137,- SFR. 18,00

Rudolf Stirn (Hrsg.), Der stille Freund
Anthologie Literatur-Grundkurs Max-Born-Gymnasium Backnang
102 S., 20 Fot., 3-933292-24-7 DM 16,80 ÖS 123,- SFR 16,00
Lea Ammertal, Auf den Spuren des Drachens. Gedichte aus Wales
79 S., 4 Abb., 3-933292-25-5 DM 17,80 ÖS 130,- SFR 17,00
Rainer Wedler, Die Befreiung aus der Symmetrie. Roman
110 S., 3-933292-26-3 DM 18,80 ÖS 137,- SFR 18,00
J.W. Goethe / Rudolf Stirn, Faustomachie
Faust / Faustopheles und Antiphist. Studienausgabe
332 S., 3-933292-27-1 DM 22,80 ÖS 166,- SFR 21,00